# 稼ぐ、儲かる、貯まる超基本

## プロ経理が教えるお金の勉強法

前田康二郎
Maeda Kojiro

PHP研究所

# はじめに

　2021年5月に総務省統計局が発表した、2020年調査の「家計調査報告（貯蓄・負債編）」では、二人以上の世帯の平均貯蓄額は1791万円で、前年1755万円から36万円、2.1％の増加となりました。また、二人以上の世帯の貯蓄保有世帯の中央値（貯蓄現在高が「0」の世帯を除いた世帯を貯蓄現在高の低いほうから順番に並べたときに、ちょうど中央に位置する世帯の貯蓄現在高）は1061万円で、貯蓄現在高階級別の世帯分布を見ると、貯蓄現在高の平均値を下回る世帯が約3分の2（67.2％）を占め、貯蓄現在高の低い階級に偏った分布となっています。

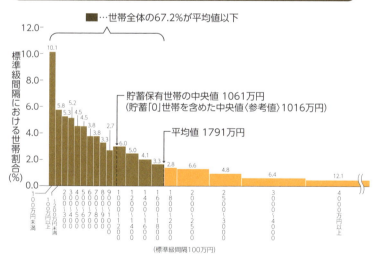

総務省統計局　家計調査報告より

## ◎「自分」は安泰でも、子供、孫を支えるとなると……

　以前、老後は年金の他に夫婦二人で2000万円が必要という試算のニュースが話題になりました。実際にはそれぞれ受け取る年金の金額も違いますし、ライフスタイルも今は多様な時代ですので、年金があれば十分暮らしていける人もいれば、反対に2000万円では足りない人もいることでしょう。

　また、一度大きな病気などをすると、費用がかかるのはもちろんのこと、年金の受給時期を繰り下げて60代以降もバリバリ働くつもりだった人も思い描いていたライフプランが大きく変わることがあります。

　一昔前は年金暮らしの親に、子供が仕送りをするということが多かったと思いますが、今は反対に親が子供や孫に仕送りをしなければならないことも増えています。特に今、アルバイトが見つからない学生、雇い止めをされている立場の働き盛りの方々もたくさんいます。

　高度経済成長期の時代と違い、今は若い世代は「自分」や「自分の世帯」を守ることだけで精一杯の方が多いため、親世代、祖父母世代の方達は、「自分」は安泰でも、子供や孫の「万が一」のために、「自分＋α」の貯蓄が必要な時代になってきているともいえます。

## ◎60歳以降の生き方、働き方の選択肢が大きく増える

　今年（2021年）以降、60歳以降の生き方、働き方の選択肢が大きく変わっていきます。70歳まで就業の可能性が広がる70歳就業法（改正高年齢者雇用安定法）と、老齢年金を75歳まで繰り下げ受給できるようになる「年金制度改正法（2022年4月から適用）」がその理由です。

## ◎70歳まで就業の可能性が広がる

　2021年4月から70歳就業法が施行されました。これまでのものとの変更点を比較してみましょう。

**改正高年齢者雇用安定法**

これまで（65歳まで・義務）

| 高年齢者雇用確保措置 | ① 65歳までの定年引上げ |
| --- | --- |
| | ② 65歳までの継続雇用制度の導入<br>（特殊関係事業主〈子会社・関連会社等〉によるものを含む） |
| | ③定年廃止 |

新設（70歳まで・努力義務）

| 高年齢者就業確保措置 | ① 70歳までの定年引上げ |
| --- | --- |
| | ② 70歳までの継続雇用制度の導入<br>（特殊関係事業主に加えて、他の事業主によるものを含む） |
| | ③定年廃止 |
| | ④高年齢者が希望するときは、70歳まで継続的に業務委託契約を締結する制度の導入 |
| | ⑤高年齢者が希望するときは、70歳まで継続的に<br>a. 事業主が自ら実施する社会貢献事業<br>b. 事業主が委託、出資（資金提供）等する団体が行う社会貢献事業に従事できる制度の導入 |

④⑤については、創業支援等措置（雇用以外の措置）
（過半数労働組合・過半数代表者の同意を得て導入）

厚生労働省ＨＰより

## ◎老齢年金受給開始時期が60歳から75歳までに拡大（2022年4月〜）

　また、年金でも大きな変化がありました。

　現在（2021年）は65歳からもらう年金を60歳から繰り上げ受給でき、70歳まで繰り下げ受給できますが、2020年の年金制度改正法により、2022年4月からは75歳まで繰り下げ受給できるようになります。

・2022年4月より、60歳からの繰り上げ減額率は月−0.4%（現行−0.5%）と有利になる。

・75歳まで（現行70歳まで）繰り下げ可能になり、増額率は月0.7%と変更なし。

・老齢年金は70歳繰り下げで42%（月0.7%）増、75歳繰り下げは84%（月0.7%）増になる。

### 老齢年金開始年齢と増額率

〈現行（上限年齢70歳）〉

繰り下げ待機

42%増額（5年待機分）

65歳（受給権発生）　70歳（繰り下げ申出）

月々22万円　➡　月々31万円（仮に65歳で月々22万円の場合は、70歳で月々31万円となる）

〈見直し内容（上限年齢75歳）〉

繰り下げ待機

84%増額（10年待機分）

65歳（受給権発生）　70歳　75歳（繰り下げ申出）

月々22万円　➡　月々40万円（仮に65歳で月々22万円の場合は、75歳で 月々40万円となる）

## ◎穏やかに暮らすか、アクティブに暮らすか

　この二つの法律によって、今までの生き方、働き方に加えて、「楽しく働ける環境があるならなるべく長期間働き、老齢

年金の受給開始時期を繰り下げる」という選択肢も加わりました。

　年金の範囲内で穏やかに暮らすのも、仕事に遊びにアクティブに過ごすのも、「もう年だから……」という制約なく、自分でどのように生きるかを選択することができるようになったのです。「60歳までは家庭第一で諦めていたけれど、もう一度、夢だったあの仕事をしてみたい」というような選択をして再就職をしてもいいかもしれませんし、自分の経験を活かしてフリーランスとして活動を始めてもいいかもしれません。

　自分が将来どのように暮らしていきたいのか、ライフプランを見直してもいいのではないでしょうか。

## ◎70歳まで上司が辞めない……会社員の新しい生き方、働き方の模索が始まる

　今までは「上司が定年になったら、そのポストに自分が就ける」という可能性があっても、今後70歳まで上司がいる可能性があれば、自分が65歳になってもまだ部下の状態でいることも起きてくるということです。そして上司が優秀であればあるほど、会社は辞めてほしくないはずですからその可能性は高くなります。

　そのほうが気楽で有難い人は、年金の受給開始時期を繰り下げて、70歳ぎりぎりまで信頼できる上司の下で働くという選択肢があります。

　一方で、「いつかは部門のトップ、組織のトップに立ちたい」と考えて毎日働いている会社員にとっては、これからの時代は「どの企業で働くか」が、より重要度を増します。優秀な社員が50代、60代に集まっている会社であれば、昇進のチャンスも少なくなってきます。

思い切ってベンチャー企業の管理職などに転身して、上を目指していく考え方もありますし、これまでは「50代で部長になって、60歳で定年になったら好きなことを始めて……」という発想だったのを、定年を待たずに会社に許可を得て副業など自分のやりたかったことを始める、というライフプランもあるかもしれません。また、起業という選択肢もあります。

　最近では、新浪剛史氏が「45歳定年制」に言及し、メディアやＳＮＳで大きな話題となりました。これからはあらゆる状況に対処していく人生設計が求められてくるでしょう。

　自分の人生をどう切り開くかは、自分にしか決められないことです。

## ◎会社は社員を70歳まで雇い続けることができる体力があるのか

　経営側にとっては、社員を70歳まで雇用し続けられるような会社へ体制を改革するという、かなり大きな負担を強いられる現実があります。年齢を重ねれば重ねるほど人間は体力、集中力の必要な仕事は難しくなってきます。反面、経験値、人脈は年齢を重ねるほど豊富になりますので、それらに準じたビジネスモデルに会社もシフトしていく必要がありますが、利益を確保しながらそれらを実行するのは容易ではありません。会社もこれからはサバイバルの時代に突入していくと思います。

　いくら会社員の人が、今の会社に70歳までいて働きたいと思っても、その会社自体が、自分が70歳になるまで存続しているのかという点も、今後は常に考えておかなければいけません。

　現在は「副業禁止」にしている会社も多いですが、私はむしろ複数の収入源を持っていたほうが会社員にとってはリスクヘッジになりますし、経営側にとってもよいと思います。なぜな

ら、他に仕事を持っている優秀かつリーズナブルな報酬でも自分の会社の仕事をしてくれる人達を確保できるからです。計数的な観点から見てもダブルワーク、トリプルワークの人材も取り込んでいかなければいけない時代になると考えています。

会社員にとって一番怖いのは、リストラ、会社の倒産などで突然仕事を失ったときに、頼れる人脈もない、できる仕事もないという状態です。だからこそ、「会社に雇われているから何も考えなくていい」のではなく、「個人で稼ぐ」という可能性や選択肢についても、常に頭の片隅に置いておいたほうがリスクヘッジになります。

リスクヘッジというのは、リスクが発生してからでは手遅れで、リスクがまだ発生していないときに準備するものです。「今大丈夫だから別にいい」ではなく、「今大丈夫だから、万が一のことに備える」という考え方が正解です。

## ◎これからのトレンドはマルチインカム（複数の収入源）を持つこと

このような不確実性の高い時代に、一番安心、安全、リスクがない生き方は何でしょうか。それは、マルチインカムを持つことです。

以前、ニューヨークでは5つも6つも仕事を掛け持ちしている人達がいるという記事を読み、実際にニューヨークに行った際に、そうした人達が集まって仕事をしているエリアなども訪問したことがあります。実際に行くと閑散としている場所もあってイメージと違う部分もあったのですが、盛り上がっていないということではなく、「休日の午後だけ営業している」「週2日、午前中だけ営業している」といったように、皆が集まれる

時間帯だけ集まって仕事やお店をする、というスタイルなのだと聞いて、働き方のスタイルもどんどん多様化しているのだと思いました。

　私がマルチインカムを意識したのは、20代のころです。突然家族が病気になり、交代で看病をすることになりました。そのときに、ふと「今はいいけれど、これがもし数十年後、自分が50歳くらいになって両親の介護をすることになったら、自分は会社でフルタイムで働きながら実家の両親の介護ができるのだろうか。介護で忙しいときは休ませてもらえるのだろうか。もし介護と仕事が両立できずに会社を辞めたら、自分は生きていけるのだろうか」といろいろ考えてしまったのです。

　私の親の世代は4人、5人と兄弟姉妹がいますが、自分達の世代はそこまでいません。交代で親の面倒を見るということにも限界があると思いました。週休2日フルタイムという制度は、なくなりはしないけれど、きっとどこかでそのやり方だけでは限界が来るはずだし、こぼれ落ちる人達もたくさん出てくるはずだと当時思いました。

　だから私の場合は、「好きなことだけして生きていきたい」というような、華やかな動機でフリーランスになったのではなく、「リスクヘッジ」としてフリーランスの道を選びました。そして、一つの会社、1種類の仕事でたくさんお金をもらって仕事をするのではなく、「あらゆる会社」「あらゆる種類の仕事」「あらゆる仕事の受け方、働き方」で少しずつお金をもらって生きていける力をつけたいということを念頭に今も活動しています。

　それが結果的にコロナ禍など突然の環境の変化があっても、その影響はごく一部に止まり、収入が激減するようなことはな

いというメリットを生みました。そして今のような働き方であれば、親の介護などで実家に行かなければいけないときでも、遠隔で仕事ができるような環境にあるので、生活費ぐらいは問題なく確保できます。

　このような「保険」があることで、とても安心感をもって生活ができます。一つの収入源しか持っていないと、嫌なことがあっても我慢や妥協をしなければいけない局面が出てきます。それが乗り切れるレベルならいいですが、ハラスメントやいじめレベルになると精神衛生上もよくありません。二つ以上収入源があれば、「この職場で何かあっても、もう一つの仕事場がある」という余裕で、逆に我慢せずに、堂々としていられると思うのです。マルチインカムというのは、お金の問題だけではなく、「生き方」にもよい影響を与えるものだと考えています。

　自分の置かれた環境や年齢に応じて収入源を常に複数持つことで、一つの収入にしがみつかない心の余裕、心の自由を手に入れられます。

　その方法をこれから本書で学んでいきましょう。

2021年9月

前田康二郎

「稼ぐ、儲かる、貯まる」超基本

目次

はじめに ・・・・・・・・・・・・・・・・・・・・・・・・・・・・・・・・・・・・・・・・・・ 1

## 1章 お金が貯まる4原則
### 自分らしい生き方、貯め方を発見しよう！

- 金銭感覚を整えるストレッチ表 ・・・・・・・・・・・・・・・・・・・・・ 18
- 収入には「稼ぐ」と「儲かる」がある ・・・・・・・・・・・・・・・・・・ 22
- 「稼ぐ」には「会社で稼ぐ」と「個人で稼ぐ」がある ・・・・・・・・ 24
- 会社からいただく給与は、会社にとっての「費用」・・・・・・・・ 26
- 「個人で稼ぐ」とは、「売上－経費＝利益or損失」 ・・・・・・・・・ 28
- 投資には「自分以外への投資」と「自分への投資」がある ・・・・ 30
- 上手な節約は「一律」ではなく「ピンポイント」 ・・・・・・・・・・ 32
- 「支出」には、「想定内の支出」と「想定外の支出」がある ・・・・ 36
- 資金繰りとは「前月残高＋今月の入金額－今月の支出額」・・・・ 38
- 「貯める」とは、資金繰りを前月よりプラスにしていくということ ・・・ 42
- お金が貯まる4原則は「会社で稼ぐ」「個人で稼ぐ」
 「投資による利益」「節約で貯める」の組み合わせ ・・・・・・・・・ 44
- **コラム** 自分だけのマルチインカムを作ろう！ ・・・・・・・・・・・・ 46

# 2章 会社で稼ぐ
## 損失リスクが最小限の環境で確実に貯める

- 自分の給与明細を理解できていますか？ ……… 48
- 「額面金額の希望金額」か「手取り金額の希望金額」かを確認する ……… 54
- 一番貯まるのは「毎月」、「安定した収入」が「長期間継続して」入ること ……… 56
- 会社員は住宅ローンの審査が通りやすい ……… 58
- 会社が助かるのはどっち？〈売上重視の営業〉と〈利益重視の営業〉 ……… 60
- 会社が助かるのはどっち？〈契約前に接待費を使う営業〉と〈契約後に接待費を使う営業〉 ……… 62
- 会社が助かるのはどっち？〈納期を優先するデザイナー〉と〈クオリティを優先するデザイナー〉 ……… 64
- 大企業と中小企業、会社員としてどちらが安定的で安全か ……… 66
- 自分が「投資元本」となって、転職する ……… 68
- 退職金は一時金、年金のどちらがトクなのか ……… 70
- 失業手当は会社都合か自己都合かで支給日数に差が出る ……… 72
- **コラム** 「値段当て」で計数感覚を育てる！ ……… 74

# 3章 個人で稼ぐ
## 自分の才能を最大限に引き出して貯める

- 個人事業主とフリーランスの違い、そのメリット、デメリットは？ ……… 76
- 副業も20万円を超えると確定申告が必要？会社はチェックしている!? ……… 80
- 確定申告する必要のある人、ない人 ……… 82
- 「個人で稼ぐ」には「副業」と「起業・フリーランス」がある ……… 84
- 副業には従業員型と経営者型がある ……… 86
- 個人事業主の税金には何があるか ……… 88
- 個人か、法人か ……… 90
- 一人で起業するか、仲間と起業するか ……… 94
- 「自分発信」は初期投資もリスクも少ない ……… 96
- クラウドファンディングの活用メリット ……… 98
- 自分発信で稼ぐ最大のメリットは、自分の市場価値がわかること ……… 100
- エージェントからスカウトされたら……？所属するか、しないか ……… 102
- 自分で稼ぐ力をつけたいなら、ボランティアではやらずに500円でもいただく ……… 104
- 自分の頭の中だけは誰にも盗まれない ……… 106
- ▶ 個人で稼ぐ方法 ……… 108
- コラム 「ロイヤリティ収入」で不労所得を増やす ……… 114

# 4章 投資による利益
### お金を眠らせずに貯める仕組みの底上げに使う

- 株などの投資リスクが怖い人は、自分に投資しなさい ……… 116
- 投資用商品のいろいろ ……………………………………… 120
- 投資初心者は、投資先を「借入金」「前受金」「預り金」の
  残高が少ない会社の中から選んで始める ………………… 126
- 営業利益や経常利益はその会社の本業の健全度を見る目安 … 130
- 決算書は「推移」で見る ……………………………………… 134
- ＩＲ情報がＨＰのどこに開示されているかで
  安全な投資先を見つける …………………………………… 136
- 初心者は自分で「リアル」を確認できる投資先を選ぼう …… 138
- 「投資をしておいてよかった、助かった」が
  バランスのいい投資 ………………………………………… 140
- 投資は原則、お金持ちほど得をして、
  貧乏な人ほど損をする仕組み ……………………………… 142
- 金融商品への投資のコツは
  「売る条件を自分で最初に設定し、必ずそれに従う」こと … 144
- 「投資した金額が万が一、０円になっても
  授業料として割り切れる」金額が投資額の目安 ………… 146
- お金に執着がない人は持ち家にすることで資産を守れる … 148
- 一人暮らし「持ち家」のメリット ………………………… 150
- **コラム** 会社の内側から見た、投資先として魅力的な会社 ……… 152

# 5章 節約で貯める
## ひらめいた節約のパターン数だけお金が貯まる

- 「自分のこだわりがないもの」なら、ラクに節約できる ...... 154
- 「値段が高いもの＝いいもの」とは限らない ...... 156
- 制度を活用した節約 ...... 158
- ケチと節約の違い、無理をせず長続きする工夫を ...... 162
- 節約や得したことの計算パターンを何種類考えられるかで「貯まる」金額も増える ...... 164
- 「予算」という概念を入れると、節約のバリエーションが一気に増え、「見える化」「見せる化」できる ...... 166
- 節約、得したことをレコーディング（記録）すれば、習慣化して自然に貯まる！ ...... 168
- ▶ アプリ「節約ウオッチ」は、こんなときに使ってみよう！ ...... 170
- コラム 「生活レベルを下げない節約」が最高の節約 ...... 186

# みんなで貯める
## 6章　家族やパートナーと貯めるお金のルール

- 社内ルールのように、家計内ルールでお金は貯まる ……… 188
- 誰か一人でも散財すると、全体が貯まらない ……………… 190
- 一緒になる前に必ず「金銭感覚の相性チェック」を ………… 192
- 大きな金額の支出は、「事前許可制」「稟議制」で決める …… 194
- 誰かがお金を握りすぎていると、他の人が成長しない ……… 196

おわりに …………………………………………………… 198

# お金が貯まる 4原則

自分らしい生き方、貯め方を発見しよう！

# 金銭感覚を整える
# ストレッチ表

　本格的な運動をする前にはストレッチなどの準備運動をします。なぜでしょうか。急に全速力で走り出したりすると身体を痛めたりケガをしたりするからです。金銭感覚も同じです。金銭感覚の準備運動をしてからお金に触れないと、暴走した極端なお金の使い方、お金のつかまえ方をして大損することがあります。金銭感覚を整えるためのストレッチ表を作成しましたので早速試してみましょう。

　まず、次ページの表Aを見てください。もしあなたが1000円貯めなければいけないとしたら、表の４つの方法のうち、どの方法で貯めるでしょうか。これと思うものに○をつけてみてください。

　次に表Bを見てください。もしあなたが100万円貯めなければいけないとしたら、表の４つの方法のうち、どの方法で貯めるでしょうか。同じように○をつけてみてください。

　家族や友達などにも、同じように質問をしてみてください。きっと、さまざまな回答があることでしょう。

　皆さんが答えてくださった回答は、どれも正解です。つまり不正解はない、ということです。

　どの方法でも、最終的に貯まればいいのです。

　ここで、理解していただきたいポイントが二つあります。一つ目は、貯める方法は「答えが一つではない」ということです。だから「自分流の一番貯めやすい貯め方」を「自分で」見

### 表A 1000円貯める場合

| 会社で稼ぐ | 個人で稼ぐ |
|---|---|
| 投資による利益 | 節約で貯める |

### 表B 100万円貯める場合

| 会社で稼ぐ | 個人で稼ぐ |
|---|---|
| 投資による利益 | 節約で貯める |

つけることができれば、それが「大正解」ということです。「あなたの貯め方おかしいよ」と言う人がいたら、「それはあなたと私の『違い』であって、お金の貯め方に優劣はないよ」と伝えてあげてください。

　もう一つのポイントは、同じ人であっても、1000円と100万円のように金額の多少によって貯める方法は異なってくる場合がある、ということです。

　私の場合、1000円を貯めるのであれば、「節約」を選びます。なぜなら、「私にとっては」一番「ラク」だからです。あとの3つは、たとえ1000円であっても頭や身体を使わないといけないので、だったら何かを1回か2回我慢して1000円貯めて

しまえばいいと思います。

　しかし、100万円を貯めるとしたら、この4つの中で「節約」を一番目には選びません。なぜなら節約で100万円を貯めるのは年単位になるからです。そう考えると、私の場合は、今は会社員ではなくフリーランスなので、まず「個人で稼いで」貯めたお金の一部を「投資」に回して100万円を目指すと思います。それと同時に「節約」も気づいた範囲でやるでしょう。

　預貯金の原資が億単位など豊富にある方でしたら、「投資」で100万円を貯める方が多い一方で、1000円を貯めるための方法として「投資」を選ぶ人は少ないでしょう。リスクがある投資に対し、他の方法はノーリスクだからです。

　このように、「お金を貯める」といっても、目標金額を変えただけで、相性のいい貯め方も変わりますし、それぞれの性格や今持っている資産額によっても、どの貯め方がその人に最適かが変わってきます。

　これは、会社で経営者が「売上を今の1.2倍にすることを考えるのではなくて、売上を100倍にすることを考えなさい」という課題を経営幹部に与えて、頭を柔軟にしてもらうのと同じ効果があります。1.2倍だと、「今の状況でもう少し頑張る」というように、現状の条件の延長線上で多くの人は物事を考えてしまいますが、100倍となると、少なくとも今のやり方とは全く違う形で売上を作らなければいけないという発想に切り替わり、新規事業を考えるなど、「視野」が広がるのです。

「投資はうさんくさい」「節約なんて貧乏くさい」などのバイアス（偏見）を持っていると、せっかくお金を貯める方法がいろいろあるのに選択の幅を狭めてしまいます。お金を貯めるには、まずそれぞれの貯め方の特徴をフラットに理解し、見ることができる視野を持つことが大切なのです。

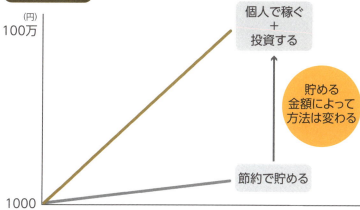

> **ポイント**
> - お金の貯め方は、目標金額によってその最適な方法も変わってくる。
> - お金の貯め方に不正解はない。あるのは正解と大正解だけ。

1章 お金が貯まる4原則

# 収入には「稼ぐ」と「儲かる」がある

　お金を貯めるには、まずお金のことをよく知っておかなければなりません。改めてお金の貯め方について勉強していきましょう。

　まず、収入についてです。収入には2種類あります。「稼ぐ」と「儲かる」です。

　私なりにこの違いを定義するのであれば、「稼ぐ」は、最初から最後まで「自分が働く」、つまり読んで字のごとく自分が「稼働」したことによる収入です。稼ぎの量は「自分次第」であり、単価も人それぞれですが、「働いた分は想定内の収入が確実にある」ということです。そのため、多くの人が「自分の本業の収入」を指すときに「今月はこれだけ稼いだ」という言い方をするのでしょう。「稼いだ」の反対は「稼がなかった」ということからも意味がわかると思います。本人の努力と結果との相関性は高くなります。

　一方、「儲かる」は、「結果として儲かった」という「事実」を前提にしています。手段は問いませんので、「株を買って儲かった」「フランチャイズの副業のビジネスを始めて儲かっている」といったように、原資や仕組みさえあれば、あるいは最初だけ稼働すれば、あとは自分が稼働しなくても収入を得られることもあるわけです。

　このように考えると、「稼ぐ」のほうが安全・確実に見えます。実際にそうなのですが、「稼ぐ」には一点落とし穴があります。それは、「病気や介護、子育てなどで稼働できなくなっ

た場合に収入が断たれてしまう可能性がある」ということです。老々介護でお子さんが会社を辞めざるを得ず、生活費が工面できなくなってしまった、という話も聞きます。

　もし「稼ぐ」方法だけでなく、稼いだお金の一部を投資などに回して収入を得るという「儲かる」仕組みを作っていれば、自分が突然働けなくなったとしても、生活費だけはなんとか維持できるという危機回避をすることもできます。

　お金を「貯める」には、さまざまな「収入源」について、その種類と方法を知っておいて損はないと思います。

## 「稼ぐ」「儲かる」のメリットとデメリット

|  | 稼ぐ | 儲かる |
|---|---|---|
| メリット | 稼働すればするほど確実に収入が増える | 自分が稼働しなくても収入が増える可能性のある仕組みが作れる |
| デメリット | 自分が働けなくなったときに収入が途絶える | 「稼ぐ」より収入の確実性が担保されない |

### ポイント

●「稼ぐ」は安全・確実だが、病気などで自分が稼働できなくなったら途端に収入が断たれるリスクがある。

●「儲かる」方法も知っておけば、いざ「稼げなくなった」ときに手助けになる。

# 「稼ぐ」には「会社で稼ぐ」と「個人で稼ぐ」がある

　「稼ぐ」には2種類あります。会社に雇われて働く、つまり「会社で稼ぐ」と、フリーランスや副業など「個人で稼ぐ」です。

　会社に雇われて働くメリットとしては、雇用形態にもよりますが、仮に<mark>突然病気などになったとしても有給休暇や傷病手当金といった制度を活用でき、収入がいきなり0円になる確率を極力抑えられる</mark>ことです。また、雇用契約書の条件を守って勤務している限りは、原則毎月決まった金額を受け取ることができます。つまり収入が安定しているということです。その代わり、自分で自分の給与の値付けはできません。

　一方、フリーランスや副業など個人で稼ぐ場合は、「自分で営業をして収入を確保する作業」が発生します。たとえば、デザイナーとしては優秀なのに独立してうまくいかず、再び会社組織のデザイナーに戻る人は、デザインに問題があるのではなく、営業が苦手ということです。デザイナーとして独立して成功している人は、「組織に所属するデザイナーより営業が得意」ともいえます。

　また、自分で自分の値付けができますので、自信があれば高い値段で交渉をして多くの収入を得ることも可能です。営業が得意な人であれば収入を確保できますが、営業を経験していない人はおしなべて営業が苦手です。そのため、会社で稼ぐ場合に比べると売上は安定的ではないことのほうが多いです。そしてもし自分が病気になったら、稼働できず収入が減るリスクが

1章 お金が貯まる4原則

あります。独立する人はたくさんいても、長期的に続いている人がごく限られてくるのはこうした理由からだと思います。

### 「会社」「個人」で稼ぐメリットとデメリット

|  | 会社で稼ぐ | 個人で稼ぐ |
| --- | --- | --- |
| メリット | 安定収入が保障される | 自分で報酬や働き方を決めることができる |
| デメリット | 自分で報酬を決めることができない | 安定収入が保障されない |

### 会社で働くメリット……傷病手当金とは?

①業務外での病気・ケガの発生
②会社に報告する→有給休暇を使う場合、傷病手当は申請できない
③申請書を用意
④医師の診察後、申請書の証明欄に記入してもらう
⑤事業主に申請書の証明欄に記入してもらう
⑥保険者に申請書を提出する

支給額は**1日につき、標準報酬日額×2/3を受け取る**ことができる(1円未満四捨五入)。標準報酬日額は標準報酬月額×1/30で計算する(10円未満四捨五入)。

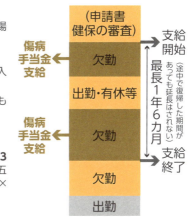

ポイント

- ●「会社で稼ぐ」は、収入が安定している。
- ●「個人で稼ぐ」は、自由に自分の報酬が決められる。

# 会社からいただく給与は、会社にとっての「費用」

　会社で働いていながら、自分の会社の売上や利益を知らない人がいます。それは、その人にとっての「売上」は、会社の売上ではなく、「自分の給与」だと考えているからでしょう。

　実際には会社員の給与というのは会社にとっては「費用」です。会社の売上が上がれば社員全体の給与も相対的に上がる確率が高まります。反対に会社の売上や利益が下がればいくら個人成績がいい人がいても、給与は据え置きか、むしろ下がる場合もあるかもしれません。

　会社の正しい数字を言えて、自分の給与を「費用」と認識している社員は、そうした現実を理解できていますが、会社の数字に興味がない人は、「うちは4人家族だから自分は最低〇〇万円ないと困るんですけど」といったように、会社の資金繰りに配慮しない発言をしてしまうことがあります。そうした発言一つで、「この社員は会社の数字に興味もないし、自分のことしか考えていない」という評価を会社側から受けてしまいます。

　**会社員を長期に続けていける人、生き残れる人は、「自分が受け取っている給与は、会社にとっての費用」という認識を持っている人**です。

　また、業績がよくても万が一の事象に備えて社内に資金を多めにプールする会社もあります。その分、昇給率が抑えられることもありますが、新型コロナウイルス感染症の流行など、万が一の事象が発生した際には、その資金で雇用を維持することができます。

## 給与は会社の費用の一部

|  | A社決算 | B社決算 |
|---|---|---|
| 売上 | 20,000 | 12,000 |
| 費用 | 15,000 | 15,000 |
| 差引（利益） | 5,000 | −3,000 |
| 給与 | | |

会社員の給与は、会社にとっての「費用の一部」。
A社は利益が出ているため、費用を増やせる余剰がある。昇給、賞与の可能性あり。
B社は損失を早急に減らさないといけないため、これ以上費用を増やせない。昇給見送り、人員整理の可能性もあり。

## 賃金が上昇していない現実もある

平均給与及び対前年伸び率の推移

国税庁　民間給与実態調査より

**ポイント**

●会社の数字を理解している人は、お金が貯まりやすい。

1章　お金が貯まる4原則

# 「個人で稼ぐ」とは、「売上－経費＝利益or損失」

　「個人で稼ぐ」、つまりフリーランスや副業などで収入を得ようとする場合、それまで自分が勤めていた会社の売上などの数字に興味がなかった人も、売上や費用を気にせざるを得なくなります。会社で勤怠や挨拶を気にしなかった人も、まず仕事をとるには、時間通りに相手と待ち合わせをして、挨拶をすることから全てが始まることを学び、それまで何気なく使っていたコピー機や備品など、仕事で使う「全て」のものが、タダではなく、自分の持ち出しの費用になることにも気づきます。

　会社員は確かに不自由な面があるかもしれませんが、会社員の環境の有難みを知るのは皮肉ですが独立したときです。だから副業などは「疑似独立体験」「プチ独立体験」としてそれがわかるよい経験になるのではないかと思います。

　また、独立した場合は、仕事を最低いくらの値段で受けなければいけないのか、商品にいくらの値段をつけないといけないのかということも学びます。「自腹の持ち出し費用」の実費分もカバーできるような値段をつけなければ赤字、つまり何もしないほうがよかったことになるからです。**独立すると、いろいろな「計算」を常にしなければいけないのです。それが「楽しい」と思える人が独立しても続いている人**だと思います。

　会社員は、会社からお金をもらうだけで、会社にお金を払うことはありません。だから常に会社に対しては「黒字」です。しかし個人で稼ぐということは、仕事がなければ赤字になることも、ときにはあるということです。

## フリーランスの資金繰り

| | Aさん年間収支 | Bさん年間収支 |
|---|---|---|
| 売上 | 800 | 400 |
| 仕事の費用＋自分の生活費＋税金等 | 600 | 500 |
| 差引 | 200 | －100 |

Aさんは、次年度も引き続き、フリーランスを続けられる。
Bさんは、「－100」を補填できる貯金がなければ生活していけないので、フリーランスを続けることは難しい。

## 副業で経費として認められるもの

会社員等の副業で経費の申告が認められる所得は、「雑所得」と「事業所得」「不動産所得」の3種類のみ。

### 経費計上が認められる副業の具体例5つ

これらの副業は、経費計上が認められる雑所得として扱われる可能性が高い。

①アフィリエイトサイト

②ネットオークション

③フリマ

④ハンドメイド作品の販売

⑤FX

**ポイント**

● 会社員は働けば確実に黒字になるが、個人で稼ぐ場合は、収支が赤字になる場合もある。

# 投資には「自分以外への投資」と「自分への投資」がある

　投資には他の稼ぎ方にはない大きな特徴がいくつかあります。その一つは読んで字のごとく、「一旦、自分の資金を投じる」、つまり、投資で利益を得るためには、自分の資産を一時的に手放さなければいけないということです。その辺を歩いている見知らぬ人に自分の家の鍵や財布を預けることがないように、投資をする際にも、適当な投資をしないで、まず信頼に値する会社、商品かどうかを調べる必要があります。そして預けた会社が最悪倒産して投じた全資金が戻ってこなくても「いい勉強になった」と思える金額から、まず投資を始めるといいでしょう。

　そして投資先には二つあります。一つは株式、不動産など、「自分以外への投資」です。これらに関しては4章「投資による利益」で触れますが、自分以外への投資ということは、言い換えると「自分の支配下には置けない」「自分のコントロールが効かない」ということです。だから「自分が思っていたより利益が出る」こともあれば、「自分が思っていた以上に損をする」ということもあります。

　こうした**「もし損をしてもただ指をくわえて見ているだけ」ということが性に合わない人は、もう一つの投資先を選んだほうがいいと思います。それが、「自分への投資」です**。

　自分の貯金を取り崩して資格をとったり、勉強をしたりと、いわゆる自己投資をすることによって、条件のいい会社に入って収入を増やしたり、起業など独立をして収入を得たりするためにお金を使うのです。

### 自分以外と自分への投資

|  | 自分以外への投資 | 自分への投資 |
|---|---|---|
| 内容 | 株式、不動産など | 資格取得、起業など |
| 利益の形式 | 配当、売却益など | 報酬UPなど |

　自分への投資であれば、一旦、手放した資金が、再度自分へ投じられるわけですから、自分の支配下に置け、コントロールが効くのがメリットです。一方でその投資した結果については他者のせいにはできなくなります。

　自分の性格なども踏まえて、自分が納得できる投資の仕方、投資の割合を考えてみましょう。

### 自分への投資として教育訓練給付制度を活用

社会人が資格を取得する場合、教育訓練給付制度を活用できる
(学費の20%、最大10万円支給される)

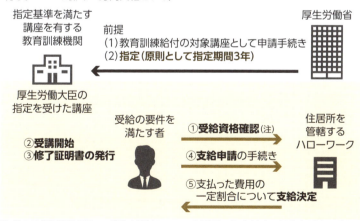

注:①の受給資格確認は、一般教育訓練については不要ですが、特定一般教育訓練及び専門実践教育訓練について必要な手続きです。

厚生労働省HPより

# 上手な節約は「一律」ではなく「ピンポイント」

節約とは、会社でいえば「経費削減」です。

経費削減というのは、難しそうに見えて、理屈さえわかれば簡単です。言い換えれば、節約も簡単だということです。

では、なぜ多くの会社が経費削減に苦しみ、多くの人が節約を難しいと感じるのでしょうか。

それは、「一律」の削減をしようとしているからです。

下の表のA社とB社を見てください。

### ピンポイントで節約しよう

**A社**

|  | 今期実績 | 来期予算 | 削減額 | 備考 |
|---|---|---|---|---|
| 旅費交通費 | 400 | 360 | 40 | 各社員一律10%削減を目指そう！ |
| 通信費 | 200 | 180 | 20 | 各社員一律10%削減を目指そう！ |
| 水道光熱費 | 150 | 135 | 15 | 各社員一律10%削減を目指そう！ |
| 接待交際費 | 80 | 72 | 8 | 各社員一律10%削減を目指そう！ |
| 新聞図書費 | 70 | 63 | 7 | 各社員一律10%削減を目指そう！ |
| … | 60 | 54 | 6 | 各社員一律10%削減を目指そう！ |
| 合計 | 960 | 864 | 96 |  |

**B社**

|  | 今期実績 | 来期予算 | 削減額 | 備考 |
|---|---|---|---|---|
| 旅費交通費 | 400 | 380 | 20 | タクシー代が売上に結びついていない社員は個別指導（営業部） |
| 通信費 | 200 | 170 | 30 | 各自の節約と共に法人割引の高い業者を探す（総務部） |
| 水道光熱費 | 150 | 130 | 20 | 同上 |
| 接待交際費 | 80 | 70 | 10 | 接待費が売上に結びついていない社員は個別指導（営業部） |
| 新聞図書費 | 70 | 50 | 20 | 誰も読んでいない雑誌はやめる（各部） |
| … | 60 | 55 | 5 | … |
| 合計 | 960 | 855 | 105 |  |

一律よりも、個別検証のほうが、社員に納得感があり、経費削減も達成しやすい。

今期の実績をもとにした来期の経費削減案です。Ａ社は各科目一律10％の経費削減を目指そう！　としています。この方法では、まず「売上」が下がる可能性が出てくるのです。

　実は経費の中には、売上を上げるためには欠かせない費用が存在します。

　たとえば旅費交通費は、仕事がとれる営業社員ほど物理的に移動をするわけですから比例して費用もかかります。

　また、社員によって、普段から節約を心掛けている人とそうでない人がいます。

　それらを考慮せず、全社員一律10％削減を目指そう！　となると、どうなるでしょうか。

　仕事がとれる優秀な営業社員は、「じゃあ、10％仕事量を減らします」となり、売上が減る行動を起こそうとします。

　また、普段から節約している社員は「節約していない人にとっては10％の削減はラクだろうけど、自分はこれ以上節約しようがない……」とやる気をなくしますし、実際に10％減らすことはできないでしょう。こうしてＡ社は会社全体の10％削減の目標も未達の上に、売上も下がるという結果に陥ります。

　<mark>「経費削減をして会社の士気が下がる、雰囲気が悪くなる」というのは、こうしたことが原因です</mark>。

　一方、Ｂ社は、科目ごとの特徴を鑑みて削減プランを考えています。

　たとえば旅費交通費や接待交際費などは、経理部が帳簿データからタクシー代や接待費のリストを営業部長に渡して、タクシー代や接待費が、結果として売上に結びついているのか検証してもらいます。そしてペイしていない社員には「個別」に指導をし、結果が出ないのならタクシーに乗らない、接待をしない、という形にしてもらいます。また、通信費や水道光熱費な

お金が貯まる４原則

1章

33

どは、社員に節約を心掛けてもらう他に、総務部にもっと安い
プランでできる業者がいないか探すように指示を出します。
　このようにすることで、売上を上げている人、普段から節約
を心掛けている人の意欲を削ぐことなく、非効率な費用を使っ
ている部分、同じ質で、もっとリーズナブルなものを探して
「ピンポイント」で削減していきます。
　そうすることで、トップセールスやいつも節約を心掛けてい
る社員のモチベーションにタッチすることなく、削減できま
す。結果として、売上は下がらず、費用の削減目標は達成さ
れ、手元に残る利益は増えるのです。

　節約もこの理屈と全く同じです。自分の全ての支出を一律に
節約しようとすると、今までモチベーションを上げるために使
っていた費用も削減しなければいけなくなりますし、普段から
節約していた費用もさらに節約を考えなければいけなくなりま
す。だからモチベーションが下がり、つらくなり、続かないの
です。
　また、節約は楽しむという視点も大切です。会社を例に節約
の説明をしましたが、個人の節約で大切なのが「控除」を活用
することです。その一つでオススメが「ふるさと納税」です。
自分で選んだ自治体に納税（寄附）することで返礼品が贈られ
てくるなどの制度です。
「節約をしても構わないところだけ」を個別にピンポイント
で、なおかつ楽しみながら取り組むと簡単に節約はできます。
そのピンポイントの狙い方、楽しみ方は、5章「節約で貯め
る」でお伝えします。

## ふるさと納税——会社員が節約するには「控除」を活用しよう

〈ふるさと納税制度の概要〉

都道府県・市区町村に対してふるさと納税(寄附)をすると、ふるさと納税(寄附)額のうち2000円を超える部分について、一定の上限まで、原則として所得税・個人住民税から全額が控除される。

(例:年収700万円の給与所得者〈夫婦子なし〉が、3万円のふるさと納税をすると、2000円を除く2万8000円が控除される)

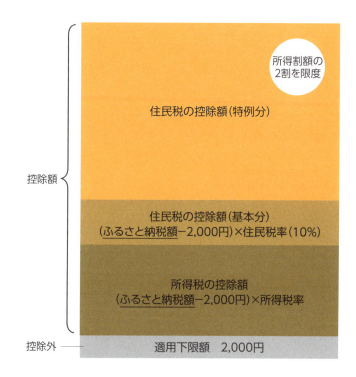

控除を受けるためには、ふるさと納税をした翌年に、確定申告を行うことが必要(原則)。確定申告が不要な給与所得者等について、ふるさと納税先が1年間に5団体以内の場合に限り、ふるさと納税先団体に申請することにより確定申告不要で控除を受けられる手続きの特例(ふるさと納税ワンストップ特例制度)がある。

総務省HPより

# 「支出」には、「想定内の支出」と「想定外の支出」がある

　一般的な会社では年に一度「予算表」を作っています。そうしないと、社員が各自勝手に会社の経費を使ってしまい、気づいたら膨大な費用になり売上でカバーできなくなってしまうからです。だから予算表を作るときには「1年間にいつもどんな経費が発生しているのか」を確認します。

　次に、今後1年以内に発生するとわかっている費用、発生しそうな費用を洗い出します。たとえば半年後にオフィスを移転

### 会社の予算表の作り方

費用を洗い出すことが大切！

| | 1月 | 2月 | 3月 | 4月 | 5月 | 6月 | 7月 | 8月 | 9月 | 10月 | 11月 | 12月 | 合計 |
|---|---|---|---|---|---|---|---|---|---|---|---|---|---|
| 売上 | 80 | 80 | 90 | 100 | 100 | 100 | 120 | 120 | 120 | 110 | 110 | 120 | 1,250 |
| 費用A | 50 | 50 | 50 | 50 | 50 | 50 | 50 | 50 | 50 | 50 | 50 | 50 | 600 |
| 費用B（4月から発生） | | | | 30 | 30 | 30 | 30 | 30 | 30 | 30 | 30 | 30 | 270 |
| 費用C（9月で終了） | 20 | 20 | 20 | 20 | 20 | 20 | 20 | 20 | 20 | | | | 180 |
| 費用合計 | 70 | 70 | 70 | 100 | 100 | 100 | 100 | 100 | 100 | 80 | 80 | 80 | 1,050 |
| 差引（売上－費用） | 10 | 10 | 20 | 0 | 0 | 0 | 20 | 20 | 20 | 30 | 30 | 40 | 200 |

①今年発生した費用を予算表に入力する。
②来年新たに発生することがわかっている費用、新たに発生しそうな費用の概算を入力する。
③今年発生した費用の中で、来年は発生しない費用を外す。
④売上の見込み額を入れる（①～④の作業はやりやすい順番で）。
⑤④－(①＋②＋③)＝希望のプラス金額になるように、①～④の項目を微調整していく。
⑥⑤で確定した数字を社員に発表し、「予算売上以上」「予算費用以下」を目標に、来年1年間行動する。
＊②の洗い出しのレベルの差でお金が貯まる会社とそうでない会社の差が出る。

する予定がある場合は、半年後に移転費用がどれくらいかかるかを試算して予算に入れます。

反対に、これまで発生していた費用の中から、今後1年以内になくなりそうな費用も洗い出します。たとえば3カ月後に契約が終了する支出があれば、4カ月後の予算費用からその分を削除します。

最後に全体を微調整して、支出の予算を確定させ、この予算内に経費が収まるようにお金を使っていけば、まず大丈夫だろうということになります。

家計でも、半年後に子供が誕生する予定であれば、「そのときはそのときだ」と、変わらずお金を浪費するのではなく、子供が生まれるとどのような費用がかかるのか予算を立て、生まれる半年前から少しずつ節約をしていけばお金を目減りさせずに済みます。

このように、新しく発生する事象を想像して、「想定外」ではなく「想定内」に一つでも多く取り込むと、お金を管理しやすくなります。

それでも起こる突然のアクシデントに対して、会社では「予備費」を設けて毎月経費の予算に加えておきます。家計でもそのように「予備費」を設定しておくと、急な出費が重なった場合でも焦らずに済みます。

ポイント

●お金の支出を管理する力は、その人の「想像力」と比例する。

# 資金繰りとは「前月残高＋今月の入金額－今月の支出額」

　家計の「やりくり」を会社では「資金繰り」といいます。「今月の資金繰り表を作ってください」と月初めに社長に言われたら、経理担当者は前月の残高に、今月の入金予定額を加え、そして今月の支払い予定額を差し引き、今月の最終残高の予想を作ります。

　さらに来月以降の入金予定、支払い予定額がわかっていたらそれらも入力します。これらの作業を毎月繰り返します。その際、将来的に残高がマイナスになるような予測が出たときは、そのまま何も対処をしないと会社が潰れてしまいますので、経費を削減できるところは削り、残高がプラスを維持できるように調整していきます。

　この理屈は、個人においても有効に活用できます。

　借金を重ねてしまう人を見ていると、次の二つの特徴があります。

### ❶「収入」と「支出」の概念が分離してしまっている

　一般的には「今月の収入が30万円だから、その中から支出は家賃と、〇〇と……」というように、「収入－支出」がワンセットになって、お金について考えると思います。しかし浪費を重ねてしまう人は、収入のことは「なんとかなる」と思い、「欲しいものは欲しい」と買ってしまうのです。「収入」と「支出」の間に計算式が存在せず、完全に分離しているのです。

❷「貯金」と「借入限度額」の区別が、つかなくなっている

　あるとき、隣で買い物をしていた二人組が、こんなやりとりをしていました。高価なものを買っている相手を見て、もう一人が心配したのでしょう。
「大丈夫？　お金あるの？」
「まだ30万円あるから大丈夫！」
「それ貯金？」
「いや、カードの限度額がまだ30万円あるから大丈夫！」

　一般的には「お金がある」＝「貯金がある」と認識しますが、借金を重ねていくと「借入（借りられる）限度額＝お金がある」という認識になっていきます。

　この二つの特徴を是正（ぜせい）していくのに有効なのが、40ページのA、Bのような資金繰り表です。リアルな現状と、今後お金の使い方をどのように修正すれば立ち直れるかが一目でわかります。
　これを頭の中で暗算できるくらいまで習慣化していくと、徐々に金銭感覚も身についていきます。
　40ページの表Aは現状を、表Bは改善された状態を示しています。41ページの表A'、表B'にご自身の現在の状況と、どのようにすれば改善できるのかを書き込んでみてください。

ポイント

●「お金がある」＝「借入限度額がまだある」と考えている人は注意！

## 資金繰り表

A：家計管理をしないと来月には破産する　　　　　　　　　　（千円）

|  | 前月実績 | 今月予定 | 来月予定 |
|---|---|---|---|
| 働いた収入 | 150 | 150 | 150 |
| カード会社からの借入（限度額） | **500** | 0 | 0 |
| 繰越残高 |  | 300 | 50 |
| 収入＋借入＋繰越残高の合計 | 650 | 450 | 200 |
| 生活費 | 150 | 150 | 150 |
| 遊興費 | 200 | 200 | 200 |
| カード会社への分割返済 | 0 | 50 | 50 |
| 出金合計 | 350 | 400 | 400 |
| 残高 | 300 | 50 | **−200** |

B：家計管理をして破産を防ぎ、借入返済完了後は貯金ができる収支の仕組みにする　　　　　　　　　　（千円）

|  | 前月実績 | 今月予定 | 来月予定 |
|---|---|---|---|
| 働いた収入 | 150 | 150 | 150 |
| カード会社からの借入 | 500 | 0 | 0 |
| 繰越残高 |  | 300 | 300 |
| 収入＋借入＋繰越残高の合計 | 650 | 450 | 450 |
| 生活費 | 150 | **100** | **100** |
| 遊興費 | 200 | **0** | **0** |
| カード会社への分割返済 | 0 | 50 | 50 |
| 出金合計 | 350 | 150 | 150 |
| 残高 | 300 | 300 | 300 |

〈対処法例〉
①遊興費を全額カット。
②働いた収入−支出（生活費＋借入返済）が０以上になるように、生活費を見直して節約。
　（借入返済完了後は、毎月収入150−生活費100 ＝ 50の貯金ができる）

**資金繰り表**

A'：あなたの現在の状況を書き込んでみよう

|  | 前月実績 | 今月予定 | 来月予定 |
|---|---|---|---|
| 働いた収入 |  |  |  |
| カード会社からの借入（限度額） |  |  |  |
| 繰越残高 |  |  |  |
| 収入＋借入＋繰越残高の合計 |  |  |  |
| 生活費 |  |  |  |
| 遊興費 |  |  |  |
| カード会社への分割返済 |  |  |  |
| 出金合計 |  |  |  |
| 残高 |  |  |  |

B'：どのようにすれば資金繰りを改善できるか書き込んでみよう

|  | 前月実績 | 今月予定 | 来月予定 |
|---|---|---|---|
| 働いた収入 |  |  |  |
| カード会社からの借入 |  |  |  |
| 繰越残高 |  |  |  |
| 収入＋借入＋繰越残高の合計 |  |  |  |
| 生活費 |  |  |  |
| 遊興費 |  |  |  |
| カード会社への分割返済 |  |  |  |
| 出金合計 |  |  |  |
| 残高 |  |  |  |

1章　お金が貯まる4原則

# 「貯める」とは、資金繰りを前月よりプラスにしていくということ

　「お金が貯まった」という日本語には、「いつと比べて（貯まった）」という条件がついているはずです。多くの会社が毎月資金繰り表を作るのは、前月に比べてお金が貯まったのか減ったのかを確認するためです。同時に、貯まった原因と減った原因を、内訳を見て確認するためです。そしてその分析を来月以降に活かしていきます。

### 資金繰り表

(千円)

|  | 前月実績 | 今月予定 | 来月予定 |
|---|---|---|---|
| 会社員としての収入 | 200 | 200 | 200 |
| 副業・その他収入 | 20 | 10 | 20 |
| 入金合計 | 220 | 210 | 220 |
| 家賃 | 60 | 60 | 60 |
| 食費（飲み会含む） | 50 | 40 | 40 |
| … | 30 | 30 | 30 |
| … | 20 | 20 | 20 |
| その他 | 10 | 10 | 20 |
| 出金合計 | 170 | 160 | 170 |
| 現預金残高 | **700** | **750** | **800** |

　家計も同じで、毎月月末などを基準日にして、預金残高を集計して前月より残高がいくら増えたか減ったかを確認していくと、来月は少し外食費を抑えて自炊しよう、など貯まる行動に早めに移ることができます。

お金は勝手に足が生えて出ていくのではなく、人が自ら使い動くものです。つまり、その人の行動次第で、お金は貯まりもするし、減りもします。お金が貯まる人は、お金が貯まる行動をし、お金が減る人は、お金が減る行動をしているということです。お金を貯めるには、まず自分の行動そのものを、お金を貯める行動に変えていくことです。

**1章 お金が貯まる4原則**

**会社に制度があれば、財形貯蓄で給与天引きにして強制的に貯金する**

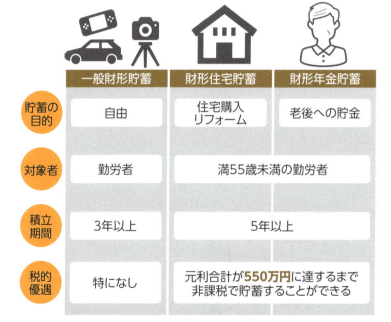

| | 一般財形貯蓄 | 財形住宅貯蓄 | 財形年金貯蓄 |
|---|---|---|---|
| 貯蓄の目的 | 自由 | 住宅購入リフォーム | 老後への貯金 |
| 対象者 | 勤労者 | 満55歳未満の勤労者 | |
| 積立期間 | 3年以上 | 5年以上 | |
| 税的優遇 | 特になし | 元利合計が**550万円**に達するまで非課税で貯蓄することができる | |

**ポイント**
● お金は無生物。人が「行動」してお金を移動させる。

# お金が貯まる4原則は「会社で稼ぐ」「個人で稼ぐ」「投資による利益」「節約で貯める」の組み合わせ

　お金が貯まる要素は、複合的です。節約はしていないのに転職して年俸が増えたために貯まる場合もあれば、収入は変わらないけれど節約をして出費が抑えられて貯まる場合もあります。

　会社の経理分析では「なんとなくお金が貯まったね」「なぜかよくわからないけれどお金が減っているね」ということはありません。必ず「なぜ貯まったのか」「なぜ減ったのか」を明確にします。それは「来月も引き続き貯める」「来月こそは貯める」には何をすべきか、どのような行動をとるべきかを明確にするためです。

　家計でも全く同じです。「なんとなく貯まった」「なんとなく減った」ではなく、貯まった理由、減った理由を明確にすることで貯まります。

　そこで、家計でお金が貯まる原則を4つに分類しました。

●会社で稼ぐ

●個人で稼ぐ

●投資による利益

●節約で貯める

# 1章 お金が貯まる4原則

**お金が貯まる4原則**

| | |
|---|---|
| 会社で稼ぐ（2章） | 個人で稼ぐ（3章） |
| 投資による利益（4章） | 節約で貯める（5章） |

　それぞれ、現時点で実際にできる環境にあるものとないもの、そして得意なものと不得意なものがあると思います。

　ただし、人生というものは常に変化していきます。私自身、新卒で1社目の会社に入社したとき、自分が将来フリーランスになって、本を書いて生活をしているなど、考えたこともありませんでした。突然どのような人生の変化が訪れても、安心して暮らしていけるように、今は自分とは無縁の環境に思えることでも、知らないよりは事前に知っておいたほうがお金の心構えができることを伝えたいと思い、この本を書きました。

　どうすれば、この4原則をそれぞれより貯まる方向へ向かわせることができるのか。次章からそれらを一つずつチェックしていき、自分に合った「自分らしいお金の貯め方」を確立していきましょう。

**ポイント**

●自分らしいお金の貯め方は、どんな組み合わせ？

## コラム

### 自分だけのマルチインカムを作ろう！

「マルチインカム」と聞くと難しそうに思えますが、自分自身から派生するもので関連づけていくと、「気づいたらマルチインカムになっていた」ということもあります。

私の場合は、会社員時代の経理経験を活かして「フリーランスの経理部長」と自称して、外注で経理業務を手伝うことから始めました。そのうち経理だけでなく会社全体の業務改善、経営改善の仕事も依頼されるようになり、それらの経験を企画書にまとめ、インターネットを通して出版エージェントに応募したところ採用され、出版することができました。

また、以前から興味があった日本語教師の資格を取得し、そこで知り合ったフランス人の生徒と「日本とフランスとの生き方、働き方の違い」についての本も出版できました。それらで得た印税を元手に、事務作業が効率化できる卓上の電動事務用品を仕入販売したり、企業の利益管理のメソッドを個人の貯蓄管理に応用した節約アプリを開発して販売したりしています。

最近ではコロナ禍でテレワークが注目されていますが、私は10年前からそれを実践しているので、テレワーク下での業務のコツやマネジメントについての仕事の問い合わせも増えました。気がついたら印税、課金収入、原稿料、授業の賃金、講演料、顧問料など、さまざまな種類の「インカム」を増やすことができていました。

このような発想で、皆さんも「自分だけのマルチインカム」を思い描いてみましょう。

# 会社で稼ぐ

損失リスクが最小限の
環境で確実に貯める

# 自分の給与明細を理解できていますか?

　給与の仕組みや内訳を理解することは、働く上で大切なことです。
　一般には、給与支給日に、時給・日給・月給などの基本給や残業代・各種手当など、会社から支給される額面（総支給額）の金額から、税金や社会保険料などが控除（天引き）された差引支給金額（手取額）が、入社時に届け出た自分の金融機関の口座に振り込まれます。

### 額面（総支給額）の種類

#### 1. 基本給

　時給・日給・月給など、支払額が決められた基本となる金額のことです。

#### 2. 時間外労働手当、深夜労働手当、休日労働手当

　所定労働時間（会社と契約した労働時間）、法定労働時間（1日8時間半、週40時間）を超えると、それぞれの係数を乗じた残業代、割増賃金が支給されます。

#### 3. 通勤手当

　通勤手当とは、従業員が通勤するための移動費用を、会社側が支給するものです。通勤手当に関しては上限金額の範囲内であれば所得税が非課税になります。

**4.その他各種手当(役職手当、職務手当、家族手当、住宅手当、資格手当等)**

会社に規定があれば、役職に応じた役職手当、職務内容に応じた職務手当、扶養家族がいる場合の家族手当、家賃補助のための住宅手当、職務に役立つ資格を取得した場合に支給される資格手当などもあります。

## 控除(天引き)の種類

### 1.健康保険

病気などをした場合に、一定の負担割合で医療機関を受診できる国の医療保険です。保険料の負担は、「標準報酬月額（4月・5月・6月の総支給額の平均）×保険料率」（中途入社の場合は変則的になる場合もあり）で計算し、勤務先と折半で、折半後の金額が天引きになります。また、加入している健康保険組合によって保険料率は異なります。

### 2.厚生年金保険

厚生年金は、国が定めた公的年金制度です。保険料の負担は「標準報酬月額（4月・5月・6月の総支給額の平均）×18.3％」（中途入社の場合は変則的になる場合もあり）で計算し、加入者本人と勤務先とが半額ずつ負担し、年金の支給を受けるための

| ○年○月分給与明細 | | |
|---|---|---|
| | 氏名 | ○○○○ |
| 勤怠 | 出勤日数 | 22 |
| | 欠勤日数 | 0 |
| | 時間外労働時間 | 0 |
| 支給 | 基本給 | 250,000 |
| | 時間外労働手当 | 0 |
| | 休日労働手当 | 0 |
| | 通勤手当 | 8,000 |
| | ○○手当 | 0 |
| | 総支給額 | 258,000 |
| 控除 | 健康保険料 | 12,792 |
| | 厚生年金保険料 | 23,790 |
| | 介護保険料 | 0 |
| | 雇用保険料 | 774 |
| | 所得税 | 6,530 |
| | 住民税 | 13,600 |
| | 控除合計額 | 57,486 |
| | 差引支給額 | 200,514 |

## 2021年3月分（4月納付分）からの健康保険・厚生年金保険の保険料額表

・健康保険料率：2021年3月分〜　適用　・厚生年金保険料率：2017年9月分〜　適用
・介護保険料率：2021年3月分〜　適用　・子ども・子育て拠出金率：2020年4月分〜　適用
（東京都）

| 標準報酬 | | 報酬月額 | | | 全国健康保険協会管掌健康保険料 | | |
|---|---|---|---|---|---|---|---|
| | | | | | 介護保険第2号被保険者に該当しない場合 9.84% | | |
| 等級 | 月額 | | | | 全額 | 折半額 | |
| | | 円以上 | | 円未満 | | | |
| 1 | 58,000 | | 〜 | 63,000 | 5,707.2 | 2,853.6 | |
| 2 | 68,000 | 63,000 | 〜 | 73,000 | 6,691.2 | 3,345.6 | |
| 3 | 78,000 | 73,000 | 〜 | 83,000 | 7,675.2 | 3,837.6 | |
| 4 (1) | 88,000 | 83,000 | 〜 | 93,000 | 8,659.2 | 4,329.6 | |
| 5 (2) | 98,000 | 93,000 | 〜 | 101,000 | 9,643.2 | 4,821.6 | |
| 6 (3) | 104,000 | 101,000 | 〜 | 107,000 | 10,233.6 | 5,116.8 | |
| 7 (4) | 110,000 | 107,000 | 〜 | 114,000 | 10,824.0 | 5,412.0 | |
| 8 (5) | 118,000 | 114,000 | 〜 | 122,000 | 11,611.2 | 5,805.6 | |
| 9 (6) | 126,000 | 122,000 | 〜 | 130,000 | 12,398.4 | 6,199.2 | |
| 10 (7) | 134,000 | 130,000 | 〜 | 138,000 | 13,185.6 | 6,592.8 | |
| 11 (8) | 142,000 | 138,000 | 〜 | 146,000 | 13,972.8 | 6,986.4 | |
| 12 (9) | 150,000 | 146,000 | 〜 | 155,000 | 14,760.0 | 7,380.0 | |
| 13 (10) | 160,000 | 155,000 | 〜 | 165,000 | 15,744.0 | 7,872.0 | |
| 14 (11) | 170,000 | 165,000 | 〜 | 175,000 | 16,728.0 | 8,364.0 | |
| 15 (12) | 180,000 | 175,000 | 〜 | 185,000 | 17,712.0 | 8,856.0 | |
| 16 (13) | 190,000 | 185,000 | 〜 | 195,000 | 18,696.0 | 9,348.0 | |
| 17 (14) | 200,000 | 195,000 | 〜 | 210,000 | 19,680.0 | 9,840.0 | |
| 18 (15) | 220,000 | 210,000 | 〜 | 230,000 | 21,648.0 | 10,824.0 | |
| 19 (16) | 240,000 | 230,000 | 〜 | 250,000 | 23,616.0 | 11,808.0 | |
| 20 (17) | 260,000 | 250,000 | 〜 | 270,000 | 25,584.0 | 12,792.0 | |
| 21 (18) | 280,000 | 270,000 | 〜 | 290,000 | 27,552.0 | 13,776.0 | |
| 22 (19) | 300,000 | 290,000 | 〜 | 310,000 | 29,520.0 | 14,760.0 | |
| 23 (20) | 320,000 | 310,000 | 〜 | 330,000 | 31,488.0 | 15,744.0 | |
| 24 (21) | 340,000 | 330,000 | 〜 | 350,000 | 33,456.0 | 16,728.0 | |
| 25 (22) | 360,000 | 350,000 | 〜 | 370,000 | 35,424.0 | 17,712.0 | |
| 26 (23) | 380,000 | 370,000 | 〜 | 395,000 | 37,392.0 | 18,696.0 | |
| 27 (24) | 410,000 | 395,000 | 〜 | 425,000 | 40,344.0 | 20,172.0 | |
| 28 (25) | 440,000 | 425,000 | 〜 | 455,000 | 43,296.0 | 21,648.0 | |
| 29 (26) | 470,000 | 455,000 | 〜 | 485,000 | 46,248.0 | 23,124.0 | |
| 30 (27) | 500,000 | 485,000 | 〜 | 515,000 | 49,200.0 | 24,600.0 | |
| 31 (28) | 530,000 | 515,000 | 〜 | 545,000 | 52,152.0 | 26,076.0 | |
| 32 (29) | 560,000 | 545,000 | 〜 | 575,000 | 55,104.0 | 27,552.0 | |
| 33 (30) | 590,000 | 575,000 | 〜 | 605,000 | 58,056.0 | 29,028.0 | |
| 34 (31) | 620,000 | 605,000 | 〜 | 635,000 | 61,008.0 | 30,504.0 | |
| 35 (32) | 650,000 | 635,000 | 〜 | 665,000 | 63,960.0 | 31,980.0 | |
| 36 | 680,000 | 665,000 | 〜 | 695,000 | 66,912.0 | 33,456.0 | |
| 37 | 710,000 | 695,000 | 〜 | 730,000 | 69,864.0 | 34,932.0 | |
| 38 | 750,000 | 730,000 | 〜 | 770,000 | 73,800.0 | 36,900.0 | |
| 39 | 790,000 | 770,000 | 〜 | 810,000 | 77,736.0 | 38,868.0 | |
| 40 | 830,000 | 810,000 | 〜 | 855,000 | 81,672.0 | 40,836.0 | |
| 41 | 880,000 | 855,000 | 〜 | 905,000 | 86,592.0 | 43,296.0 | |
| 42 | 930,000 | 905,000 | 〜 | 955,000 | 91,512.0 | 45,756.0 | |
| 43 | 980,000 | 955,000 | 〜 | 1,005,000 | 96,432.0 | 48,216.0 | |
| 44 | 1,030,000 | 1,005,000 | 〜 | 1,055,000 | 101,352.0 | 50,676.0 | |
| 45 | 1,090,000 | 1,055,000 | 〜 | 1,115,000 | 107,256.0 | 53,628.0 | |
| 46 | 1,150,000 | 1,115,000 | 〜 | 1,175,000 | 113,160.0 | 56,580.0 | |
| 47 | 1,210,000 | 1,175,000 | 〜 | 1,235,000 | 119,064.0 | 59,532.0 | |
| 48 | 1,270,000 | 1,235,000 | 〜 | 1,295,000 | 124,968.0 | 62,484.0 | |
| 49 | 1,330,000 | 1,295,000 | 〜 | 1,355,000 | 130,872.0 | 65,436.0 | |
| 50 | 1,390,000 | 1,355,000 | 〜 | | 136,776.0 | 68,388.0 | |

（単位：円）

| 介護保険第2号被保険者に該当する場合 11.64% | | 厚生年金保険料（厚生年金基金加入員を除く） 一般、坑内員・船員 18.300%※ | |
|---|---|---|---|
| 全額 | 折半額 | 全額 | 折半額 |
| 6,751.2 | 3,375.6 | | |
| 7,915.2 | 3,957.6 | | |
| 9,079.2 | 4,539.6 | | |
| 10,243.2 | 5,121.6 | 16,104.00 | 8,052.0 |
| 11,407.2 | 5,703.6 | 17,934.00 | 8,967.00 |
| 12,105.6 | 6,052.8 | 19,032.00 | 9,516.00 |
| 12,804.0 | 6,402.0 | 20,130.00 | 10,065.00 |
| 13,735.2 | 6,867.6 | 21,594.00 | 10,797.00 |
| 14,666.4 | 7,333.2 | 23,058.00 | 11,529.00 |
| 15,597.6 | 7,798.8 | 24,522.00 | 12,261.00 |
| 16,528.8 | 8,264.4 | 25,986.00 | 12,993.00 |
| 17,460.0 | 8,730.0 | 27,450.00 | 13,725.00 |
| 18,624.0 | 9,312.0 | 29,280.00 | 14,640.00 |
| 19,788.0 | 9,894.0 | 31,110.00 | 15,555.00 |
| 20,952.0 | 10,476.0 | 32,940.00 | 16,470.00 |
| 22,116.0 | 11,058.0 | 34,770.00 | 17,385.00 |
| 23,280.0 | 11,640.0 | 36,600.00 | 18,300.00 |
| 25,608.0 | 12,804.0 | 40,260.00 | 20,130.00 |
| 27,936.0 | 13,968.0 | 43,920.00 | 21,960.00 |
| 30,264.0 | 15,132.0 | 47,580.00 | 23,790.00 |
| 32,592.0 | 16,296.0 | 51,240.00 | 25,620.00 |
| 34,920.0 | 17,460.0 | 54,900.00 | 27,450.00 |
| 37,248.0 | 18,624.0 | 58,560.00 | 29,280.00 |
| 39,576.0 | 19,788.0 | 62,220.00 | 31,110.00 |
| 41,904.0 | 20,952.0 | 65,880.00 | 32,940.00 |
| 44,232.0 | 22,116.0 | 69,540.00 | 34,770.00 |
| 47,724.0 | 23,862.0 | 75,030.00 | 37,515.00 |
| 51,216.0 | 25,608.0 | 80,520.00 | 40,260.00 |
| 54,708.0 | 27,354.0 | 86,010.00 | 43,005.00 |
| 58,200.0 | 29,100.0 | 91,500.00 | 45,750.00 |
| 61,692.0 | 30,846.0 | 96,990.00 | 48,495.00 |
| 65,184.0 | 32,592.0 | 102,480.00 | 51,240.00 |
| 68,676.0 | 34,338.0 | 107,970.00 | 53,985.00 |
| 72,168.0 | 36,084.0 | 113,460.00 | 56,730.00 |
| 75,660.0 | 37,830.0 | 118,950.00 | 59,475.00 |
| 79,152.0 | 39,576.0 | | |
| 82,644.0 | 41,322.0 | | |
| 87,300.0 | 43,650.0 | | |
| 91,956.0 | 45,978.0 | | |
| 96,612.0 | 48,306.0 | | |
| 102,432.0 | 51,216.0 | | |
| 108,252.0 | 54,126.0 | | |
| 114,072.0 | 57,036.0 | | |
| 119,892.0 | 59,946.0 | | |
| 126,876.0 | 63,438.0 | | |
| 133,860.0 | 66,930.0 | | |
| 140,844.0 | 70,422.0 | | |
| 147,828.0 | 73,914.0 | | |
| 154,812.0 | 77,406.0 | | |
| 161,796.0 | 80,898.0 | | |

※厚生年金基金に加入している方の厚生年金保険料率は、基金ごとに定められている免除保険料率（2.4～5.0%）を控除した率となります。

加入する基金ごとに異なりますので、免除保険料率および厚生年金基金の掛け金については、加入する厚生年金基金にお問い合わせください。

◆介護保険第2号被保険者は、40歳から64歳までの方であり、健康保険料率（9.84%）に介護保険料率（1.80%）が加わります。

◆等級欄の（ ）内の数字は、厚生年金保険の標準報酬月額等級です。
4（1）等級の「報酬月額」欄は、厚生年金保険の場合「93,000円未満」と読み替えてください。
35（32）等級の「報酬月額」欄は、厚生年金保険の場合「635,000円以上」と読み替えてください。

◆2021年度における全国健康保険協会の任意継続被保険者について、標準報酬月額の上限は、300,000円です。

○被保険者負担分（表の折半額の欄）に円未満の端数がある場合
①事業主が、給与から被保険者負担分を控除する場合、被保険者負担分の端数が50銭以下の場合は切り捨て、50銭を超える場合は切り上げて1円となります。
②被保険者が、被保険者負担分を事業主へ現金で支払う場合、被保険者負担分の端数が50銭未満の場合は切り捨て、50銭以上の場合は切り上げて1円となります。
（注）①、②にかかわらず、事業主と被保険者間で特約がある場合には、特約に基づき端数処理をすることができます。

○納入告知書の保険料額
納入告知書の保険料額は、被保険者個々の保険料額を合算した金額になります。ただし、合算した金額に円未満の端数がある場合は、その端数を切り捨てた額となります。

○賞与に係る保険料額
賞与に係る保険料額は、賞与額から1,000円未満の端数を切り捨てた額（標準賞与額）に、保険料率を乗じた額となります。
また、標準賞与額の上限は、健康保険は年間573万円（毎年4月1日から翌年3月31日までの累計額）となり、厚生年金保険と子ども・子育て拠出金の場合は月間150万円となります。

○子ども・子育て拠出金
事業主の方は、児童手当の支給に要する費用等の一部として、子ども・子育て拠出金を負担いただくことになります（被保険者の負担はありません）。
この子ども・子育て拠出金の額は、被保険者個々の厚生年金保険の標準報酬月額および標準賞与額に、拠出金率（0.36%）を乗じて得た額の総額となります。

全国健康保険協会HPより

掛け金を払う金額が天引きされます。

### 3.介護保険

対象年齢である40歳以上になると加入義務が発生する保険の金額が天引きされます。

### 4.雇用保険

失業した際に失業給付などが受けられる保険の金額が天引きされます。

### 5.所得税

個人が1年間に得た所得に対して課税される税金のことで、年収によって税率が変動します。

会社員の場合は、国税庁から出されている「税額表」をベースに、「総支給額－通勤手当など非課税分の支給額－社会保険料等」の金額と扶養家族の人数をもとに、該当する税額を毎月一旦、概算で天引きします。そして12月に年間の所得税の確定総額を計算し、それまで概算で天引きしてきた分との差額を12月の給与支給時に精算します。

多くの場合、概算で天引きされた金額のほうが確定値よりも多いため、12月の給与時に所得税が還付されますが、1年間に、転職で月給に変動があったり、扶養家族が変化したりした場合は、反対に概算で天引きされた金額のほうが少ない場合もあるため、12月で差額分を追加で天引きされるケースもあります。

### 6.住民税

働く人の居住地となる都道府県や市町村に納める税金のこと

です。1〜12月までの年収により金額が決定され、会社員の場合は、それを12等分した金額が翌年の6月から翌々年の5月まで天引きされます。そのため、新入社員は2年目の6月の給与から天引きされます。

　注意しなければいけない点は、住民税は課税期間と支払い時期にかなりタイムラグがあるということです。転職などをして年収が下がったときでも、過去の年収の多かった基準で計算された住民税の金額が一定期間天引きされ続けます。そのようなときのために、所持金はあらかじめ少し余裕をもたせておいたほうがよいでしょう。

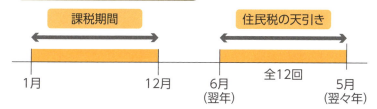

### 7．その他（積立金、立替金など）

　その他、財形（給与から天引きをして貯蓄をする制度）を希望した場合や、会社が立て替えた費用などが天引きされる場合があります。

**ポイント**

● 給与明細の内訳を知ることで、額面から手取り金額のイメージができるようになる。

# 「額面金額の希望金額」か「手取り金額の希望金額」かを確認する

　転職したばかりの知人が、「事前に聞いていた希望金額よりも、入金額が少なかった」と言うので詳しく話を聞くと、報酬の確認時に、本人は手取り金額のつもりで希望金額を伝えたところ、会社側は額面金額の希望金額と受け取り、それで契約が成立してしまったため、そのような行き違いがあったようでした。

　会社側は金額だけを伝えられれば、一般的には額面金額と受け取ります。枕詞(まくらことば)がないと手取り金額とは受け取りませんので、希望金額を伝える場合は、「手取り金額で〇〇円くらい」もしくは「額面金額で〇〇円以上が希望です」と明確に伝える必要があります。そうすれば、このようなことは回避できます。

　額面金額と手取り金額の差は年収や扶養家族数などにも影響されますので人それぞれですが、おおよそ15〜25％くらいが平均です。簡便的に2割と想定し、「求人票の額面×0.8＝手取り金額」とイメージした上で応募し、実際に面接の場で再度確認すればいいでしょう。

　たとえば、==「手取り金額で月に最低20万円は欲しい」人は、求人情報では「月給25万円〜」（25万円×0.8＝20万円）の求人に応募するといいでしょう。==

　「お金のことを聞くのははしたない」と考える人も多いですが、そのような人ほど、契約後に「手取りがものすごく少ない」と不満を言うのも事実です。「額面〇〇円と求人票に書いてありますが、私の場合、手取り金額はだいたいいくらと考え

ておけばいいですか」と質問しても、失礼ではありません。わからないことはうやむやにせずに「契約前」に確認しておきましょう。

### 額面年収別　手取り金額早見表

| 額面年収 | 手取り年収（手取り月収） |
|---|---|
| 200万円 | 170万円（14.2万円） |
| 300万円 | 243万円（20.3万円） |
| 400万円 | 321万円（26.8万円） |
| 500万円 | 398万円（33.2万円） |
| 600万円 | 469万円（39.1万円） |
| 700万円 | 540万円（45.0万円） |
| 800万円 | 606万円（50.5万円） |
| 900万円 | 675万円（56.3万円） |
| 1000万円 | 744万円（62.0万円） |

算出条件
・既婚（専業主婦）
・子ども1人（15歳未満）
・生命保険なし
・40歳未満（介護保険なし）

手取り年収を意識して伝えよう！

ポイント

●合い言葉は「そのご提示金額は、額面ですか？　手取りですか？」。

2章　会社で稼ぐ

# 一番貯まるのは「毎月」、「安定した収入」が「長期間継続して」入ること

　会社員やフリーランスなど、あらゆる働き方、収入の得方がありますが、お金をコツコツ貯めるのに一番確実な方法は、やはり雇われて働くことです。「多少の不自由はあるけれど、まあ我慢できる範囲かな」という人は、できるだけそのメリットは享受したほうがいいと思います。

　なぜかというと、雇われて働くというのは、「毎月」、「安定した収入」が「長期間継続して」入ってくるからです。これだけの条件を満たしたお金の入り方は、他にはありません。正社員でも、契約社員でも、アルバイトでもこれは同じです。中でも、「継続雇用」という保障の面や「単価」は、契約社員やアルバイトよりも正社員が一番強固です。だから正社員になりたい、という人が多いのだと思います。

### それぞれの働き方の安定度

|  | 収入金額の安定 | 雇用・生活の安定 |
|---|---|---|
| ①雇われて働く（正規雇用） | ○〜◎ | ◎ |
| ②雇われて働く（非正規雇用） | △〜○ | △〜○ |
| ③個人で働く（フリーランス等） | ×〜◎ | ×〜◎ |

①固定収入と雇用が保障されているので、安定的にお金を貯める計画を立てやすい。
②雇用される企業次第。正規雇用に近い労働環境もあれば、雇い止めのリスクのある労働環境もある。
③個人の営業能力とスキル次第で、会社員の何倍もの年収を稼げる場合もあれば、収入０の場合もある。

　安定した固定収入というと、似た形に家賃収入がありますが、これにはまず不動産を取得するための元手がいりますし、

住人が入居していない期間があるかもしれないというリスクもあります。また、株式の配当なども、かなりの金額を投資しないと生活ができる配当金は入ってこないでしょうし、独立などは、まずゼロベースから始まりますので当面は仕事を軌道に乗せるのが第一で、お金を貯めるのはその後になります。

つまり雇われて働くことほど、リスクが少なく、安全・確実にお金が貯まる仕組みはない、ということをまず理解してください。この考えをベースに、副業や独立、投資、節約などを考えると、そのメリットの違いや自分にはどのような貯め方が向いているかがわかりやすくなると思います。

大企業に勤務する人がベンチャー企業に転職しようとする際に家族が反対するケースを私の周囲でもよく見かけますが、働き方の観点からいえば「大企業で雇われて働く」か「ベンチャー企業で雇われて働く」かの違いでしかないですから、正直なところ、あまりリスクは変わらないと思います。転職先でうまくいかなかったら、また「別の企業で雇われて働く」という選択肢をとればいいだけの話です。むしろ「大企業で雇われて働く」→「独立して念願のカフェを開店する」ほうが、収入の形態が全く違いますので、ある程度の心構えや準備が必要になると思います。

このように**収入の形態から「働き方」を見ることも大切**です。

- 「会社員」は会社がリストラや倒産さえしなければ、お金を貯める最強の条件。

# 会社員は住宅ローンの審査が通りやすい

　人気芸能人が「住宅ローンの審査を断られた」というエピソードを耳にすることがあります。

　芸能人と芸能事務所の関係性は2パターンあり、社員として雇用されている場合は、芸能人も「会社員」とみなされますが、一個人として業務委託的な契約をしている場合は、「会社員」とみなされません。住宅ローンを断られた、というエピソードを話す人は後者の形態で仕事をしている人だと思います。

　会社員でない場合、金融機関からは「その人自身だけ」が査定されます。そのため、競争が激しい世界ですので、今人気絶頂の芸能人も3年、5年先なら引き続き活躍している可能性は高いですが、25年後、35年後も同じように活躍しているかというと見通しがつきにくい、ということだと思います。

### 雇用形態によるローンの組みやすさ

|  | ローンの組みやすさ |
| --- | --- |
| ①会社員（大企業・上場企業） | ◎ |
| ②会社員（上記以外の企業） | ○ |
| ③芸能人（一個人として活動） | △ |
| ④芸能人（芸能事務所の社員として活動） | ○ |

①勤めている会社の35年後の倒産リスクも他の会社より低いため、そこに勤めている限り、返済可能と審査される。
②①よりは、倒産リスクの可能性がややあると審査される。
③30歳でブレイクした人が35年ローンの申請をした場合、65歳まで35年連続で『タレント名鑑』に載るほど毎年活躍し続けるかを金融機関は審査する（難易度が高い）。
④申請者は「会社員」としてみなされ、①や②と同様に、個人よりも「会社」がメインで審査されるため、③より審査が通りやすい。
＊収入が不安定な職業ほど住宅ローンが組めない可能性があるので、キャッシュを貯めておく必要がある。

住宅ローンは25年、35年など長期的に固定した金額を毎月返済していかなければいけませんので、「毎月」、「安定した収入」が「長期間継続して」入るかが審査されます。

その点、会社員は、会社員その人自身に加えて、「所属している会社」も審査をされますので、歴史があり安定経営をしている会社、上場している会社などは、審査する側も「この人がこのまま会社を辞めなければ25年後、35年後も返済できるだろう」という見通しがつきやすいのです。

そのため芸能事務所の中には、芸能人を社員扱いとして雇用し、その代わり歩合制ではなく給料制にして、その人達が住宅ローンを組みやすくしているところもあります。

年収ごとの予想融資金額のシミュレーションは次の通りです。金利が安いと、借り入れできる総額も多くなります。

### 住宅ローンの借り入れ可能限度額の目安例

（A銀行、35年、固定ローン、と設定して簡易シミュレーションで算出）

| 年収 | 金利 2.5% | 金利 2% | 金利 1.5% |
|---|---|---|---|
| 300万円 | 1670万円 | 1810万円 | 1950万円 |
| 400 〃 | 2230 〃 | 2410 〃 | 2610 〃 |
| 500 〃 | 2790 〃 | 3010 〃 | 3260 〃 |
| 600 〃 | 3350 〃 | 3620 〃 | 3910 〃 |
| 700 〃 | 3910 〃 | 4220 〃 | 4570 〃 |
| 800 〃 | 4470 〃 | 4830 〃 | 5220 〃 |
| 900 〃 | 5030 〃 | 5430 〃 | 5870 〃 |
| 1000 〃 | 5590 〃 | 6030 〃 | 6530 〃 |

**ポイント**

● マイホームを買うなら会社員のうちに買う。会社員を辞めるときはキャッシュを貯めておく。

# 会社が助かるのはどっち？〈売上重視の営業〉と〈利益重視の営業〉

　さて、ここから3項目は「会社で稼ぐ」ことにおいて、どのような人が会社でよりよく稼ぐことができるのか、私の専門である経理の視点から見ていきましょう。

　営業社員には「売上」を見ている人と、「利益」を見ている人がいます。それぞれの特性をよく観察していると、あることがわかります。

- 売上を重視している営業社員は「自分の売上しか気にしていない」
- 利益を重視している営業社員は、「会社全体の売上、利益も気にしている」

　売上重視の人は「自分の売上」のみ、一方、利益重視の人は「会社の売上」「会社の利益」「自分の売上」「自分の利益」、この4つをワンセットで認識しています。経営陣は主に「会社の売上」と「会社の利益」を考えているわけですから、利益重視の営業社員とは会話が嚙み合うのです。

　また、商売においては、「利益率（額）の低いものは、利益率（額）の高いものよりも売りやすい」という傾向があります。「高いね。こんなの原価たいしてかかっていないでしょう」と顧客が言う商品を説明して相手に売ってくるのがプロの営業、経営者も一目置く営業です。「結構原価がかかっていそうだけど、こんな値段で御社に利益残りますか」というような

商品よりも、売りにくく、けれど売れたら会社には手元に資金が多く残るので助かるからです。「これだけ売上を残した」とアピールする営業社員と、「これだけ利益を残した」とアピールする営業社員がいたら、経営幹部候補として素質があるのは後者です。

| 売上重視の営業社員 |
|---|

| 自分の売上 | 会社の売上 ✗ |
|---|---|
| 自分の利益 | 会社の利益 ✗ |

売上といっても「自分の売上」しか関心がないので、経営陣と話が噛み合わない。

| 利益重視の営業社員 |
|---|

| 自分の売上 | 会社の売上 |
|---|---|
| 自分の利益 | 会社の利益 |

会社全体の売上、利益も意識しているので、経営陣と話が噛み合う。

**社員A**

| 売上 200 | |
|---|---|
| 原価 160 | 利益 40 |

**社員B**

| 売上 150 | |
|---|---|
| 原価 80 | 利益 70 |

社員AもBも優秀だが、会社としては、Bの働き方のほうが、より会社に資金が残るので助かる。

**ポイント**

●会社に手元資金として残るのは、売上額ではなく、利益額。

2章 会社で稼ぐ

# 会社が助かるのはどっち？
# 〈契約前に接待費を使う営業〉と
# 〈契約後に接待費を使う営業〉

　前者と思う方が多いかもしれませんが、正解は後者です。

　経営者が口を揃えて「一番困る営業」と言うのは、「会社の接待費ばかり使って個人的に相手の担当者と仲良くなるだけで、少しも新規の契約をとってこない営業」とのことです。相手から「財布代わり」にされているのを経営者は知っているのです。

　できる営業は、せいぜい契約前にご馳走するのはコーヒー代かランチ代、つまり会議費（一人当たり5000円以内）の範囲内で契約をとろうとしますし、実際にとります。そして契約後に接待費（一人当たり5000円を超える金額）を「契約分の利益がペイする範囲内で」使います。その接待費は、次回の受注をさらに追加でいただくために使っているのです。

　営業と取引先の付き合い方は3パターンあると思います。

1．新規契約の前に高額な接待ばかりして、契約がとれない。
2．高額な接待をして契約はとれたが、その後、何の接待やフォローもしていない。
3．接待費をかけずに契約をとって、契約後はまめに接待やフォローをする。

　お付き合いの関係にたとえれば、
1．付き合う前に高額なプレゼントをあげて、さんざん貢がされた挙げ句、最終的に振られる。

2．付き合っているときはプレゼント攻撃、いい人だと思って一緒になった途端に釣った魚に餌をやらない状態。こんなはずではなかった。騙された。
3．まあ悪くないかなと思って一緒になったら、いつもまめに接してくれて、この人と一緒になってよかった。自分もこの人のために頑張ろう。

　こんな感じといえば、わかりやすいでしょうか。

　最小限のお金で新規の契約をとり、さらに契約後も数字を継続的に伸ばす、というのが経営者の理想です。「お金の使いどころ」、そして「いくら使うか」も頭で計算ができる人を、経営者は求めています。

　接待費ばかり使って新規契約がとれない営業社員は、「売上０円－給与－使った接待費＝大赤字」という計算式になります。景気のよいときは会社は大目に見てくれても、不景気のときにはそれでは困る、という判断になると思います。

### 受注獲得のための経費の使い方

新規営業（受注できなかったときに最小限の損失に抑えるため、経費は会議費の範囲内で収める）

受注（利益額を計算し、利益の一部を接待費として予算を組む）

接待（予算内で接待し、その場で再受注を狙う）

再受注

●会議費の範囲内で受注を目指し、接待費で再受注を狙う！

# 会社が助かるのはどっち？
# 〈納期を優先するデザイナー〉と
# 〈クオリティを優先するデザイナー〉

　私の周囲にもＷＥＢデザイナー、クリエイティブデザイナーなど、「デザイナー」の肩書の人がものすごく増えました。そしてよく聞くのが、「納期に間に合わない」というトラブルです。
　主に次のような理由があると思います。

①デザイン等に詳しくない相手先からの追加の要望・作業のために、納期に間に合わなくなった。
②デザイナー自身が体調不良になりながら無理に作業をして、さらに体調が悪化し、納期に間に合わなくなった。
③デザイナー自身が時間管理にルーズで納期が遅れた。
④デザイナー自身が納品するものに納得がいかず、少しくらいならと作業を続けて、１日遅れで納品した。

　①と②に関しては、デザイナーを取り巻く環境にも原因があります。デザイナーの業務は営業や経理などの職種の作業プロセスとは異なりますので、周囲もある程度それを理解した上で、「これくらいのことをお願いすると、どれくらい納期に影響が出るのだろうか」といった、「依頼と納期の確認」を常にワンセットで伝えると、デザイナーも「その作業をやると納期に間に合わせる自信がないのですが」など、回答しやすいのではないかと思います。
　また、デザイナーも、「頑張ります」と根を詰め、無理をした挙げ句に体調を崩してしまっては結果的に納期に間に合わな

くなりますので、このような状況では早めに「今のペースだと納期に間に合わなそうなのですが、どうしたらいいですか」と躊躇（ちゅうちょ）なくヘルプを出すことです。ヘルプを出せば、別の人や外部のフリーランスにお願いしたり、納品先に事前に連絡をして調整したりすることもできます。

③に関しては、デザイナーが最初に勤めた会社が社員教育をしていない可能性が高いです。

問題は、④です。悪気がなく、しかもよかれと思ってこのようにやってしまう人がいるのですが、「1日くらい」が、実は会社の数字に関わる部分では大問題になることがあります。

下の表にもあるように、納期が1日遅れただけで、タイミングが悪いと、入金が約1カ月遅れてしまうことがあります。小さな金額ならまだしも、大きな金額だと中小企業なら影響が出ます。また、年度内に予定していた売上の計上ができなくなってしまう、ということも起きてしまいます。これは会社全体の売上や利益、税金計算、次年度の予算など、いろいろなところに影響を及ぼします。デザイナーに限らず、こうしたことを認識していない会社員が意外と多いですが、これは会社員として勤める以上、知っておくべき常識の一つです。

### 3月末決算の会社で、納品日の翌月末日入金という契約の仕事の場合

（予定）
会社の売上　　　　3月31日納品・売上予定
会社の資金繰り表　　　　　　　　　　　　4月30日入金予定

（社員A：納品予定日通りに納品）
会社の売上　　　　3月31日納品・売上
会社の資金繰り表　　　　　　　　　　　　4月30日入金

（社員B：納品予定日を1日過ぎて納品）
会社の売上　　　　4月1日納品・売上
会社の資金繰り表　　　　　　　　　　　　　　　　　　5月31日入金

「1日だけ納品が遅くなった」だけにとどまらず、入金が約1カ月遅れ、会社の資金繰り管理を見直し、年度内（3月分として）の売上にも取り込めなくなる。

# 大企業と中小企業、会社員としてどちらが安定的で安全か

　大企業と中小企業、どちらで働いたほうが会社員にとって安定的、安全だと思いますか。

　直感的にいえば、大企業のほうが、内部留保もたくさんあって、いざとなったら国が守ってくれそう、だから不景気のときは特に大企業にいたほうがいい、と思うかもしれません。私もフリーランスになるまではそう思っていました。

　しかし、フリーランスになっていろいろな会社を見て気づきました。**大企業が、なぜ不況でも潰れないのか。それは大企業の場合、「会社が潰れる前にさっと人員整理してしまうから」です。**

　これは大企業を見て気づいたのではなく、むしろ多くの中小企業を見て気づきました。中小企業の場合、今、人員整理をすればまだ間に合うけれど、しなければ逆に会社が潰れてしまうかもしれない、というときでさえ、なかなか社長の腹が決まりません。なぜなら、「毎日、会社で全社員と顔を突き合わせているから」です。

　社員の個人情報もわかっていますから、「もしAさんをリストラしたら、親の介護と子供の受験を控えているこの家はどうなるのか……」と想像したら、決断ができないのです。それだけでなく、そもそも社員がそれほどおらず、1オペ、2オペで何とか回している中小企業もありますので、給与は減らせても人を減らすのは物理的にかなり難しいのです。そのため中小企業の場合は、資金繰り改善の選択肢として「人件費の削減」は

万策尽きた最終手段としてすることも多いです。

　一方、大企業では、「人件費の削減」は、資金繰り改善の選択肢として最初に選ばれることも多いです。社員数も多いので、多少の人員削減でもオペレーションが回るということもありますし、額も大きな額が削減できます。そして何より **「人件費の削減を意思決定する人」と「その対象者」との「人間関係のしがらみが少ない」ので決断もしやすい**のだと思います。

　中小企業ならワンフロアに総務も経理も営業も社長も全員いてお互いに「顔と名前」を知っていますが、大企業の場合、物理的にそうではないからです。「○○部門100人」「40歳以上200人」など、顔や名前ではなく「数字」で識別されます。だから人員整理をするほうは、もちろん申し訳ないと思いつつも、中小企業の社長よりはずっと決断しやすいはずです。

　大企業は「会社は残るけれど、社員が残るとは限らない」、一方で中小企業は、最後まで社員を残す模索をする傾向はありますが、誰もリストラされないまま「突然倒産する」という可能性が大企業よりも高いです。

## 経営不振の状態時

| | 大企業 | 中小企業 |
|---|---|---|
| 倒産の可能性 | 低い<br>（救済してもらえる選択肢がかなりある） | 低くない<br>（救済してもらえる選択肢が限られている） |
| リストラ行使の可能性 | 低くない〜高い<br>（行使してもオペレーションが回る） | 低い〜低くない<br>（行使したらオペレーションが回らなくなる可能性があるので避けたい） |

# 自分が「投資元本」となって、転職する

　フリーランスになっていろいろな会社を見てわかったのは、「どこの会社に勤めるか」ということは、とても大事だということです。A社とB社、全く同じスキルの社員が、年俸が数百万円違うのも見てきました。めぐり合わせ次第だなと思うこともよくあります。

　ただ、年俸の低い人がずっと不利かというとそうでもありません。転職しやすいのは年俸の低い人です。スタートラインの年俸が低い人は、当たり前ですが転職活動をすると、応募したどの会社も「えっ、同じ仕事でこんなに年収アップしていいんですか」というくらい、50万円、100万円は当たり前に年俸が高くなります。だからモチベーションを上げて転職することができます。

　反対に、スタートラインの年俸が高かった人は、それより年俸のいい転職先はおのずと限られてしまいます。そして「同じ仕事なのに、転職後は○○万円下がるのか……」ということが、年俸が上がるにしたがって発生してきます。このように金銭面ではモチベーションが下がったまま、転職せざるを得ないこともあるのです。

　転職の際には、次ページの表のように客観的な項目を書き出して、今の職場よりもプラスポイントが多かったら転職する、そうでなかったらやめておく、という決め方もよいと思います。

|  | 今の会社 | 転職先候補 |
|---|---|---|
| 年俸 |  | ○ |
| ポジション | ○ |  |
| 業務内容 |  | ○ |
| 残業時間 | ○ |  |
| 通勤時間 | ○ |  |
| 福利厚生 |  | ○ |
| … |  |  |
| … |  |  |

条件がいいほうに○をつけ、転職先候補のほうが○の数が多ければ「よい転職」と考える。

転職先候補の企業の条件を書き込んで、今の会社と比較してみましょう。

|  | 今の会社 | 転職先候補 |
|---|---|---|
| 年俸 |  |  |
| ポジション |  |  |
| 業務内容 |  |  |
| 残業時間 |  |  |
| 通勤時間 |  |  |
| 福利厚生 |  |  |
| … |  |  |
| … |  |  |

ポイント

●転職の際は、客観的な判断項目を書き出し、今の会社と転職先候補を比較して「○」の多さにより検討する。

# 退職金は一時金、年金のどちらがトクなのか

　退職金は、通常、その支払いを受けるときに所得税及び復興特別所得税や住民税が源泉徴収または特別徴収されます。この退職金は、長年の勤労に対する報償的給与として一時に支払われるものなので、退職所得控除を設けたり、他の所得と分離して課税されるなど、税負担が軽くなるよう配慮されています。また一時金の他に、年金として受け取ることもできます。まず一時金として受け取る場合を計算してみましょう。

## 所得税及び復興特別所得税の源泉徴収税額の計算方法（令和2年分）

[計算例] 30年勤務した人が退職金を2,500万円受け取った場合

退職所得控除額は
800万円＋70万円×（30年－20年）＝1,500万円
課税退職所得金額は
（2,500万円－1,500万円）×1/2＝500万円
◎1,000円未満端数切り捨て

所得税額は
500万円×20％－42万7,500円＝57万2,500円
所得税及び復興特別所得税の額は
57万2,500円＋（57万2,500円×2.1％）＝58万4,522円
◎1円未満端数切り捨て

(注)この他に住民税として、50万円が特別徴収されます（課税退職所得金額500万円×10％）。

退職金の額2,500万円 → 退職所得控除額1,500万円

×1/2＝ Ⓐ課税退職所得金額 → Ⓐ課税退職所得金額 ×所得税の税率Ⓑ－控除額Ⓒ＝ 所得税額（基準所得税額）

退職金の額から退職所得控除額を差し引いた額に1/2を掛けて課税退職所得金額を算出し、これに所得税の税率を掛けて、控除額を差し引いた残りの金額が所得税額（基準所得税額）となります。この金額と、基準所得税額に2.1％を掛けて計算した復興特別所得税額を合計した金額が所得税及び復興特別所得税の源泉徴収税額となります。

所得税額＋基準所得税額×2.1％＝所得税及び復興特別所得税の源泉徴収税額

**退職金2,500万円－（58万4,522円＋50万円）＝2,391万5,478円（手取り額）**

国税庁HPより

## 退職所得控除額

| 勤続年数 | 退職所得控除額 |
|---|---|
| 20年以下 | 40万円×勤続年数 |
| 20年超 | 800万円 + 70万円×（勤続年数 − 20年） |

注1：勤続年数に1年未満の端数があるときは、たとえ1日でも1年として計算します。注2：上記の算式によって計算した金額が80万円未満の場合は、退職所得控除額は80万円になります。注3：障害者となったことに直接基因して退職した場合は、上記により計算した金額に、100万円を加算した金額が退職所得控除額です。

## 2020年分所得税の税額表〔求める税額＝Ⓐ×Ⓑ−Ⓒ〕

| Ⓐ 課税退職所得金額 | Ⓑ 税率 | Ⓒ 控除額 |
|---|---|---|
| 1,000円から1,949,000円まで | 5% | 0円 |
| 1,950,000円から3,299,000円まで | 10% | 97,500円 |
| 3,300,000円から6,949,000円まで | 20% | 427,500円 |
| 6,950,000円から8,999,000円まで | 23% | 636,000円 |
| 9,000,000円から17,999,000円まで | 33% | 1,536,000円 |
| 18,000,000円から39,999,000円まで | 40% | 2,796,000円 |
| 40,000,000円以上 | 45% | 4,796,000円 |

### 退職金を年金で受け取ると

　確定拠出年金（企業型・iDeCo）、確定給付型企業年金、中小企業退職金共済などを分割、年金形式で受け取ると「雑所得」となります。年金収入から「公的年金等控除」を差し引いたものが雑所得です。注意点は年金受け取りにすると受取総額は増えますが、その分税金と社会保険料が増えることもあるということです。また、最近の低金利下では、退職金を年金で受け取る場合の利回りも、あまり期待できません。どちらがトクなのか今一度確認されてみてはいかがでしょうか？

# 失業手当は会社都合か自己都合かで支給日数に差が出る

　雇用保険の基本手当（失業手当）とは、雇用保険の被保険者が、離職し、新しい仕事を探すまでの期間、生活の心配をすることなく再就職活動ができるように支給されるものです。

　受給条件は次の2つです。
1. ハローワーク（公共職業安定所）に行き、所定の書類を提出して求職の申込みを行い、就職しようとする積極的な意思があり、就職できる能力があるのに本人やハローワークの努力によっても就職することができない「失業の状態」にあるという認定を受けること。
2. 離職の日以前の2年間に賃金支払いの基礎となった日数が11日以上ある月が通算して1年以上（特定受給資格者または特定理由離職者の場合は離職の日以前の1年間の被保険者期間が通算して6カ月以上）あること。

　基本手当を受給するには、4週間に一度ハローワークに出頭して、失業の認定を受ける必要があります。

　支給額となる基本手当日額（離職期間中の1日あたりの支給額）は次のように求めます。

　賃金日額＝離職日直前の6カ月に支払われた賃金の合計÷180日

基本手当日額＝賃金日額×50〜80％（60〜64歳については45〜80％）

基本手当の受給期間は、離職の日の翌日から起算して１年間となります。

また、求職の申込みをしてから７日間は基本手当の受給はできません。そして、自己都合で離職した場合はその後１カ月以上３カ月以内の間で公共職業安定所長の定める期間（原則３カ月間）の給付制限があります。

### 会社都合と自己都合では失業手当の支給日数がこれだけ違う

会社都合による退職

| 退職時の年齢 \ 被保険者であった期間 | １年未満 | １年以上５年未満 | ５年以上10年未満 | 10年以上20年未満 | 20年以上 |
|---|---|---|---|---|---|
| 30歳未満 | 90日 | 90日 | 120日 | 180日 | ― |
| 30歳以上35歳未満 | 90日 | 120日 | 180日 | 210日 | 240日 |
| 35歳以上45歳未満 | 90日 | 150日 | 180日 | 240日 | 270日 |
| 45歳以上60歳未満 | 90日 | 180日 | 240日 | 270日 | 330日 |
| 60歳以上65歳未満 | 90日 | 150日 | 180日 | 210日 | 240日 |

自己都合による退職

| 全年齢 | ― | 90日 | 90日 | 120日 | 150日 |
|---|---|---|---|---|---|

ハローワークより

ポイント

●失業時は心身や金銭の負担も高まるので、資金管理は日頃から。

## コラム

## 「値段当て」で計数感覚を育てる！

「知らず知らずのうちにすぐお金がなくなってしまう」という友人のために、いい解決方法はないかといろいろ試してもらった結果、効果があったものの一つに「値段当て」があります。

　たとえば家族や友人同士で食事に行き、楽しい時間を過ごした後、会計の前に「合計でいくらだったか」をクイズ形式で予想し合い、一番近かった人が勝ち、というゲームです。また、スーパーで買い物をしたときに、会計をする前に「今日は合計で〇〇円くらいかな」と予想してから会計をします。そして実際の金額と誤差が1割前後くらいでしたら、「自分は計数感覚があるな」と思ってよいと思います。

　これなら一人でもできますし、パートナーや子供や孫と一緒に買い物に行ったときにクイズ感覚で楽しめます。正解に一番近かった人に何かご褒美があったら真剣になるかもしれません。友人にこれをしばらく実践してもらい、ある日一緒に食事に行ったときに「値段当て」をしたら、友人のほうが勝ちました。どんな変化があったか尋ねたら「一つひとつのモノの値段を意識するようになり、買わないものも増えた」と言っていました。それまでは値段など気にせずに、自分が欲しいものを見つけたらすぐ頼んだりレジに持っていったりして、会計の場で「え、こんなに高いの？　まあいいか」ということが多かったそうです。

　「値段当て」をあらゆる機会に実践してみてください。必ず計数感覚が身につきます。

# 個人で稼ぐ

自分の才能を最大限に
引き出して貯める

# 個人事業主とフリーランスの違い、そのメリット、デメリットは？

「フリーランス」とは、会社員のように会社と雇用契約を結ばず、独立して業務を請け負って仕事をする働き方のことを指します。そのため、私のように「法人化しているフリーランス」もいます。

また、「個人事業主」とは、法人化せず個人で独立して事業を行っている人のことで、税法上の所得区分を意味する言葉です。そのため、税務署に「開業届」を提出して、初めて「個人事業主」となります。

ちなみに個人事業主になるといくつかメリットがあります。**個人事業主の場合、定められた期間内に「青色申告承認申請書」を提出することで青色申告を選択できるようになり、最大55万円（電子申告など一定の要件を満たせば65万円）の特別控除を受けられ、48万円の基礎控除と合わせると113万円までの所得が非課税になります**。

また、**事業で赤字を出した場合に、それを翌年から３年間繰り越すことが可能**です。開業の年は必要経費がかかるため、初年度が赤字の場合、翌年以降、収益から赤字分を差し引いて税金計算をすることができます。

そして**家族に仕事を手伝ってもらう場合に「青色申告専従者」にしておけば、その給与を経費として計上することができます**。そのためには開業届とは別に「青色事業専従者給与に関する届出・変更届出書」の提出が必要になります。

3章 個人で稼ぐ

　自然な流れとしては、副業で始めた仕事が大きくなって独立する決心がついたら、まずは開業届を提出して個人事業主として活動し、売上や仕事の規模も大きくなり、一人では管理しきれなくなってきたなと感じ始めたら法人化の検討をする、というのがよいのではないかと思います。

　ちなみに私の場合は個人事業主の期間はなく、いきなり法人化して独立しました。法人化すると、法人設立のための費用も数十万円かかりますし、社会保険料も労使折半といって、自分の給与から天引きされる金額と同じ金額を会社負担分として納付しなければいけなくなります（つまり社会保険料の天引きが1万5000円だったら、会社負担分の1万5000円も加えて3万円納付しなければいけません）。

　そのため「フリーランスの法人化」というのは金銭面だけ考えればあまり得はありません。ただ、私自身の事業内容が経営コンサルタントなどBtoB（対法人向け）の仕事が中心ですので、法人化しておいたほうが、取引の際の与信審査（この人や会社と取引して大丈夫かという審査や調査）が通りやすいと考えたため、法人化しました。

　私自身、会社員時代に管理部門にいましたので、現場部門から新規取引先候補の申請が上がってきた際に与信審査をすることもありましたが、個人の新規取引先候補の場合、会社によっては、会社が定めた規定により取引金額の上限が決まっていて法人に比べ高額な取引ができないこともあります。

　自分の仕事内容が堅い事業内容だったり、相手先が堅い業界だったりする場合は、法人化しておいたほうがスムーズに取引

契約をしやすいという面もあります。

　目先の費用や損得ばかりに惑わされず、どのような組織体制にすれば長期的にトータルの収支はよくなるのかを考える視点も大切です。

　自分が仕事をしやすく、そして顧客が安心するということがビジネスの基本ですから、自分がやりたい事業内容や、誰を相手に商売をするのかで、法人化をするかしないかを決めるとよいと思います。

## 青色申告の申請手続き概要

| | 区分 | 青色申告承認申請書の提出期限 |
|---|---|---|
| (1) | 原則 | 青色申告の承認を受けようとする年の3月15日 |
| (2) | 新規開業した場合（その年の1月16日以後に新規に業務を開始した場合） | 業務を開始した日から2カ月以内 |
| (3) | 被相続人が白色申告者の場合（その年の1月16日以後に業務を承継した場合） | 業務を承継した日から2カ月以内 |
| (4) | 被相続人が青色申告者の場合（死亡の日がその年の1月1日から8月31日） | 死亡の日から4カ月以内 |
| (5) | 被相続人が青色申告者の場合（死亡の日がその年の9月1日から10月31日） | その年の12月31日 |
| (6) | 被相続人が青色申告者の場合（死亡の日がその年の11月1日から12月31日） | 翌年2月15日 |

## 青色申告のメリット

| | | |
|---|---|---|
| 個人 | 最大**55万円**（電子申告など一定の要件を満たせば**65万円**）を控除できる | |
| 個人 | **家族**に支払った**給与**を**経費**にできる | |
| 個人 | **赤字**を**3年**繰り越せる | |
| 法人 | **赤字**を**9年**繰り越せる | |
| 個人 | 職場が自宅だと**家賃**や**光熱費**が経費にできる | |
| 個人 法人 | **30万円**未満のモノを**一括**で**経費**にできる | |

### 白色申告

白色申告のほうが経理処理が簡単といわれていましたが、2014年1月から全ての白色申告者に「帳簿への記帳」と「帳簿等の保存（期間5〜7年）」が義務づけられました。

## 赤字の繰越（青色申告のメリット）

赤字を翌年以降最大3年間の所得から差し引き節税できます（個人）。

3章 個人で稼ぐ

# 副業も20万円を超えると確定申告が必要？ 会社はチェックしている!?

　**会社員など、給与所得のある人が副業などで収入を得た場合、所得が20万円を超えるときには確定申告が必要になります**。この場合の「所得」というのは純粋な収入金額ではなく、「収入金額－それらにかかった費用一式」＝「所得」になります。たとえば、**25万円の収入があったうち、それらの収入のために機材や材料などを10万円分購入していた場合は、「25万円－10万円＝15万円」**が所得になりますので、**確定申告の必要はありません**。

　皆さんの身近なところでは、洋服や本など、普通の生活用品などを売ったときの収入については、基本的に課税対象ではありません。

　確定申告で副業の所得が加わると、所得税だけではなく、住民税の税額も上がります。そのため、会社に申告せずに副業をしていても、会社宛に届く翌年の住民税の通知書には、副業分も加算して計算された住民税の金額が掲載されています。

　ここでよく、「うちの会社は副業を禁止しているのでこっそりやりたいのだけれど、やはり会社に見つかるかな？」という質問があります。その答えは「見つかるかもしれないし、見つからないかもしれない」です。

　総務人事の担当者が、社員が副業をしていないかどうか、前年度の年収情報と翌年度の住民税の通知書に掲載された税額の理論値が一致しているかを一人ひとりチェックしていけば、金

額が一致しない人は「隠れてやっているな」とわかります。反面、そこまで実際にアナログでチェックしている会社は少ないと思います。なぜならその作業自体手間もかかりますし、基本的には会社は「社員を信用しているから」です。ただし、最近はクラウドの総務人事系のソフトも日進月歩で進化していますから、データを打ち込めば機械が全て自動計算して、そうした照合を既に自動でしている会社もあるかもしれません。

どちらにしろ、副業禁止と言われているのにしているのが見つかったら、結局数十万円の副業のために、数百万円〜千数百万の年収を台無しにしてしまう恐れもあります。

また、会社というのは、社員の不正を見つけてもしばらくは泳がせていることが実は結構あります。私が会社員から独立して思ったことの一つに、「会社って舐めちゃいけないな」ということでした。やはり上層部の中には、社員のいい行動も悪い行動も全てわかっていて、何も言わずそれをしばらくじっと見ている人というのはかなりいます。お金に関する裏切りは、裏切られたほうは簡単には忘れませんので、職場のルールは守っておいたほうがいいと個人的には思います。

### 副業の所得が20万円以下の場合

副業の所得が少なかったら、わざわざ所得税の確定申告をしなくていい！

# 確定申告する必要のある人、ない人

　(所得税の) 確定申告とは、毎年1月1日から12月31日までの1年間に生じた所得の金額とそれに対する所得税等の額を計算して確定させる手続きです。

　源泉徴収された税金や予定納税額などがある場合には、この確定申告によってその過不足を精算します。

　確定申告をする必要があるのは、その年分の所得金額の合計額が所得控除の合計額を超える場合で、その超える額に対する税額が、配当控除額と年末調整の際に控除を受けた住宅借入金等特別控除額の合計額を超える人です。この場合、原則としてその年の翌年2月16日から3月15日の間に確定申告をしなければなりません。

　しかし、給与の収入金額が2000万円以下で、かつ、給与を1カ所から受けていて、その給与の全部について源泉徴収される人で給与所得及び退職所得以外の所得金額が20万円以下である人等、一定の場合には確定申告をしなくてもよいことになっています。

　確定申告書の入手方法は、
1. 国税庁のＷＥＢサイトからファイル (確定申告書Ａもしくは確定申告書Ｂ) をダウンロード。
2. 税務署や市区町村役場の税務課、確定申告相談会場で受け取る。
3. 税務署から郵送で取り寄せる。

などがあります。

　確定申告書には確定申告書Aと確定申告書Bの2つがあり、A様式は、給与所得者（会社員、アルバイト・パートの方など）や年金受給者向け、B様式は汎用的なものです。個人事業主やフリーランスの人はB様式となります。

　また近年は、指示に従って入力をしていけば確定申告書の作成から提出（電子データで）までできるサービスもリーズナブルな価格で数多くあります。細かい作業が苦手な人はそのようなサービスを利用するのもよいと思います。

### 確定申告の方法

マイナポータルを活用した年末調整・所得税確定申告の簡便化
（マイナポータル連携）

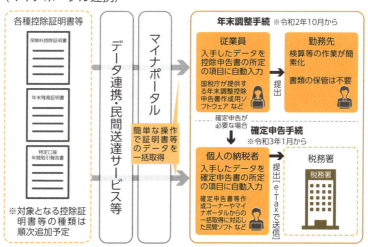

令和3年1月から、確定申告手続をより簡便に行えるよう、生命保険料控除証明書などのデータを、マイナポータルを通じて一括入手し、申告書への自動入力ができる仕組み（マイナポータル連携）の準備を進めています。

国税庁HPより

# 「個人で稼ぐ」には「副業」と「起業・フリーランス」がある

「副業」と「起業・フリーランス」の2つのタイプに分けて「個人で稼ぐ」方法を解説します。

### ❶ 副業
会社員など、本業としての収入がありながら、他社の仕事を請け負ったり、個人活動をしたりして収入を得るスタイルです。本業の収入があるので気軽・気楽に始められ、そして副業を辞めても生活に支障がない点がメリットです。本業がある分、活動範囲は限定的な場合が多いです。

### ❷ 起業・フリーランス
全て自分の裁量で商品、サービス、コンテンツなど「売り物」を考え、発信、営業などをして顧客や仕事を獲得し収入を得るスタイルです。軌道に乗れば、会社員以上の収入を得られる人もいます。反面、会社員のような安定収入の保障はありません。

　他にも違いをいえば、会社員や副業は知識やスキルがあればできますが、起業・フリーランスの場合は「経営」をしなければいけないので、知識やスキルだけでなく、企画・営業・経理などオールジャンルの能力が実務上必要になってきます。
　会社員がいきなり独立するとリスクもありますので、専門実践教育訓練給付金などを活用して専門資格を取得してから独立するのもよいと思います。

## 3章 個人で稼ぐ

### 「個人で稼ぐ」の種類

|  | ①副業 | ②起業・フリーランス |
|---|---|---|
| メリット | 本業の収入があるので気軽にできる | 自由な裁量で仕事ができる |
| デメリット | 本業があるので活動範囲に限度がある | 安定収入の保障がない |

### 専門実践教育訓練給付金の概要

**1. 支給率**

受講者が支払った教育訓練経費の**50%**（資格取得等した場合、追加で教育訓練経費の20%〈合計70%〉）の支給となります。

※平成29年12月31日以前に受講開始した専門実践教育訓練は、教育訓練経費の**40%**（資格取得等した場合、追加で教育訓練費の20%〈合計60%〉）

**2. 上限額（年間）**

支給の上限額は、**年間40万円**（資格取得等した場合、年間56万円）となります。

※平成29年12月31日以前に受講開始した専門実践教育訓練の支給の上限額は、**年間32万円**（資格取得等した場合、年間48万円）

注：・訓練期間が2年間の場合の支給の上限額は80万円（資格取得等した場合、112万円）、3年間の場合の支給の上限額は120万円（資格取得等した場合、168万円）となります。

・10年の間に複数回専門実践教育訓練を受講する場合は、最初に専門実践教育訓練に係る教育訓練給付を受給した専門実践教育訓練の受講開始日を起点として10年を経過するまでの間に受講開始した専門実践教育訓練に係る教育訓練給付の合計額は、168万円が限度となります。

〈支給額〉　【例】訓練期間：2年間／入学料：10万円／6カ月ごとの受講料：40万円

・教育訓練経費とは、受講者が教育訓練施設に対して支払った入学料と受講料の合計をいいます。
・専門実践教育訓練給付金は受講開始日から6カ月ごとの期間で支給額を決定します。下記の例では、受講開始日から6カ月ごとの期間をそれぞれ第1期～第4期としています。

**支給額 = 教育訓練経費 × 50%**
**支給の上限額 = 年間40万円（資格取得等した場合、56万円）**

|  | 教育訓練経費 | 支給額 |
|---|---|---|
| 第1期 | 50万円（入学料含む） | 25万円 |
| 第2期 | 40万円 | 15万円(※1) |
| 第3期 | 40万円 | 20万円 |
| 第4期 | 40万円 | 20万円 |
| 資格取得等した場合 | ― | 32万円(※2) |
| 合計 | 170万円 | 112万円 |

※1　40万円×50%=20万円だが、第1期と合わせた年間の上限が40万円であるため、40万円−25万円=15万円
※2　170万円×20%=34万円だが、資格取得等した場合の上限が112万円であるため、112万円−80万円=32万円

厚生労働省・都道府県労働局・ハローワークより

# 副業には従業員型と経営者型がある

副業の形態もいろいろありますが、主に4種類に分けられます。

**❶ 求人型（従業員型）**

いわゆる「副業募集」という求人に応募をして作業をする仕事です。ポスティングやシール貼りといった内職的なものからデータ入力など、マニュアルがあればスキルがなくても初日からできるものも多いです。仕事をした分、確実に収入が得られますが、場所や納期など、物理的な拘束があるので会社員の働き方と同じになります。

**❷ 登録型（従業員型）**

Uber Eatsの配達パートナーなど、所属登録をして、依頼が発生したときに、できる時間があるときだけ仕事をするスタイルです。働く時間の裁量が①より自由になりますので、稼ぎたいときにはよりたくさん稼ぐことも可能です。また、エージェント会社に登録をして、副業を紹介してもらうというサービスも増えてきています。これは本人が自らクライアントを獲得してくるのではなく、登録会社が仕事を紹介してくれる形式のため、これも従業員型の働き方といえます。

**❸ 提案型（経営者型）**

会社での経験や、自分の資格や趣味、特技などで培った(つちか)スキ

ルを商品化・サービス化して、自分で営業開拓、提案をしてクライアントを獲得していくスタイルです。営業力が必要になりますが、その分、受注金額・契約条件などの交渉は自由にできます。営業力が不足している場合は、②のエージェント会社に登録をするのもいいと思います。

### ❹ 発信型（経営者型）

自分のオリジナルのコンテンツを発信して、それを起点として直接、間接的に収入を得るスタイルです。自分でオリジナルの商品を製作販売する、YouTuberとして収入を得る、インスタグラマーとして広告宣伝の仕事を得る、など内容や種類も無限で多岐にわたります。仕事を得られるまで、そして収入を得られるようになってからも、人気のジャンルは常に激しい競争にさらされますので、生き残っていくための工夫が必要になります。

純粋に貯金を増やすことが目的の副業の場合は、①と②の従業員型の副業がオススメです。将来独立を目指す、あるいは本業にもよい効果を期待するといった、お金以外の効果や展開を期待するなら、③と④の経営者型の副業がよいでしょう。

### 副業のスタイル

|  | ①求人型<br>(従業員型) | ②登録型<br>(従業員型) | ③提案型<br>(経営者型) | ④発信型<br>(経営者型) |
|---|---|---|---|---|
| メリット | 確実に収入が得られる | 自分の稼ぎたいときに稼げる | 仕事のパターン化が可能 | 自分の好きなようにできる |
| 備考 | 登録会社の条件下での仕事 | 登録会社の条件下での仕事 | 営業力・企画力が必要 | 激しい生き残り競争 |
| 仕事例 | 内職・データ入力 | Uber Eatsの配達 | 業務改善コンサル | YouTuber |

# 個人事業主の税金には何があるか

　個人事業主が納める主な税金は以下のとおりです。
- 所得税
- 住民税
- 消費税（前々年度の課税売上高が1000万円以下の場合は免除）
- 個人事業税（所得290万円以下は免除）　　＊所得＝収入金額−経費

### 個人事業主の節税

　個人事業主の税金は、所得（収入金額−経費）にかかります。各種の控除があれば、さらにそれらを差し引いた残高をベースに税金を計算しますので、収入だけでなく、どのような費用が経費に計上できるのか、また、どのような控除があるのかは知っておいたほうがよいでしょう。ここでいう所得は、一般的な個人事業主の所得である事業所得（事業として営んだ結果で得られた所得）とみなします。

### 青色申告で申告する

　前述しましたが、個人事業主が確定申告する場合、白色申告と青色申告の2つの方法がありますが、一定の要件を満たし、青色申告を選択すると、最大55万円（電子申告など一定の要件を満たせば65万円）の特別控除があります。最近はクラウドのソフトウェアで以前より確定申告もしやすくなっています。

## 小規模企業共済制度

　国の機関である中小機構が運営する小規模企業共済制度は、小規模企業の経営者や役員、個人事業主などのための、積み立てによる退職金制度です。掛金は全額を所得控除できます。

## 家族従業員への給与

　一定の要件を満たした専従者（個人事業主やフリーランスの人が一緒に生活している家族従業員）への給与を、経費として計上することができます。

## 経営セーフティ共済（中小企業倒産防止共済制度）

　経営セーフティ共済は、取引先事業者が倒産した際に、中小企業や個人事業主などが連鎖倒産や経営難に陥る（おちいる）ことを防ぐための制度です。掛金の全額を経費とすることができます。

## 個人事業主の経費として処理できるもの

　個人事業主は、仕事上で使う費用を経費で処理できます。

1．仕事を行う上で不可欠なインフラ費用（家賃、オフィス用品、通信費、ソフトウェア代など）
2．仕事での活動に必要な費用（交通費、ガソリン代、出張代、名刺代、パソコン代など）
3．仕事に必要な商品や材料の仕入れ費用や広告宣伝、ホームページ制作などの営業活動費用など
4．仕事に関わる従業員、外注者への報酬など
5．その他、仕事に必要な経費（参考資料代、打ち合わせ代など）

　また、事務所を借りず家で仕事をする場合は、家賃や光熱費などの費用を、仕事で使う分とプライベートで使う分に分け、仕事として使った分を経費とすることができます。

# 個人か、法人か

　もし独立をするときに、会社を作るか否かということですが、「さしあたり一人で少ない金額から始める」ということであれば、個人で開業をし、規模が大きくなってきたら法人化をすればいいと思います。

　ただ、個人のままだと、特に上場企業などと取引をするような場合は、リスク管理上、個人との取引金額の上限が低めに設定されていて、希望した金額の取引ができないケースも可能性としてはあります。自分のビジネスが法人との取引が中心となる場合、お金はかかりますが、法人化をしておいたほうが、さまざまな取引がスムーズにできるようになります。

〈個人開業の特徴〉
- 税務署に開業届などを提出すればすぐに始められる
- 経理処理がシンプル
- 法人に比べて、さまざまな与信審査が通りにくいケースがある

〈法人開業の特徴〉
- 社会的信用度が高い
- 金融機関からの信用度が高い
- 起業時に登記手続き、定款（ていかん）の作成などコストがかかる
- 社会保険料の会社負担分のコストがかかる
- 一定レベルの会計処理、税務処理が必要になる、など

## どこでビジネスをするのか

　個人の場合、自宅で十分だと思いますが、メリハリをつけたい場合、集中して作業をしたい場合などは、手頃な金額でシェアオフィスに入居してもいいと思います。他の入居者と交流して、新しい人脈が作れたり、ビジネスが展開したりする可能性もあります。

　法人の場合、コロナ前は、やはり然(しか)るべき場所にオフィスがあることも一つの社会的信用になっていましたが、コロナ禍で、オフィス出社と在宅勤務の比率に応じてオフィスの規模を縮小する傾向も出てきています。また、オフィスを撤廃して、各社員好きな場所で作業をして打ち合わせをするときはオンラインミーティング、という会社も現れ始めています。

## 小規模事業者持続化補助金

　持続的な経営に向けた経営計画に基づく、小規模事業者等の地道な販路開拓等の取り組みや、あわせて行う業務効率化の取り組みを支援するため、それに要する経費の一部を補助するものです。50万円を上限に補助金（補助率：2/3）が出ます。

　ホームページの作成費用なども対象になります。今の時代はＳＮＳだけでも宣伝や活動はできますが、堅い組織と仕事をしようとするときなどは、先方から会社や個人の詳細な情報が記載してある資料を与信審査の材料として求められることもありますので、きちんとしたホームページがあると、それを見てもらえばいいので便利ですし、与信審査自体も通りやすくなる側面もあります。

　他にも「ＩＴ導入補助金」「ものづくり・商業・サービス補助金」などがあります。次ページにまとめたので確認してみてください。

## 持続化補助金

### 〈一般型〉
小規模事業者等が経営計画を策定して取り組む販路開拓等の取組を支援

| 補助額 | 上限50万円　※共同申請可能 |
|---|---|
| 補助率 | 2／3 |
| 補助対象 | 店舗改装、チラシ作成、広告掲載 など |

### 〈低感染リスク型ビジネス枠〉
小規模事業者等がポストコロナ社会に対応したビジネスモデルの転換に資する取組や感染防止対策費(消毒液購入費、換気設備導入費等)の一部を支援

| 補助額 | 上限100万円 |
|---|---|
| 補助率 | 3／4 |
| 補助対象 | 対人接触機会の減少を目的としたテイクアウト・デリバリーサービス導入、ECサイト構築 など |

※感染防止対策費は補助金総額の1／4を上限に支援

令和元年度補正予算、令和2年度第3次補正予算で中小機構に措置

参考:中小企業基盤整備機構HP

## IT導入補助金(サービス等生産性向上IT導入支援事業)

バックオフィス業務の効率化やデータを活用した顧客獲得など生産性向上に繋がるITツールの導入を支援

※飲食、宿泊、小売・卸、運輸、医療、介護、保育等のサービス業の他、製造業や建設業等の中小企業等が対象。

| 事業類型 | 通常枠 | | 低感染リスク型ビジネス枠 | |
|---|---|---|---|---|
| | A類型 | B類型 | C類型<br>(低感染リスク型<br>ビジネス類型) | D類型<br>(テレワーク<br>対応類型) |
| 補助下限額・上限額 | 30万～<br>150万円未満 | 150万～<br>450万円 | 30万～<br>450万円 | 30万～<br>150万円 |
| 補助率 | 1／2 | | 2／3 | |
| 補助対象経費 | ソフトウェア、<br>クラウド利用費、<br>専門家経費等 | | 左記のものに加え<br>PC・タブレット等の<br>レンタル費用が対象 | |

※事業計画期間において、「給与支給総額が年率平均1.5％以上向上」、「事業場内最低賃金が地域別最低賃金＋30円以上」を満たすこと等を加点要件(一部事業者等については申請要件)とする。

令和元年度補正予算及び令和2年度第3次補正予算で中小機構に措置

参考:中小企業基盤整備機構HP

## ものづくり・商業・サービス補助金

新製品・サービス開発や生産プロセス改善等のための設備投資を支援

補助上限：**1,000万円**または**3,000万円**

補助率：**1／2**（原則）

※一般型は補助上限：1,000万円、グローバル展開型は補助上限：3,000万円

また、対人接触機会の減少に資する、製品開発、サービス開発、生産プロセスの改善に必要な設備投資、システム構築等を支援

補助率：**2／3**（低感染リスク型ビジネス枠）

〈生産性向上を目指すなら誰でも可〉

以下の要件を満たす事業計画（3〜5年）を策定・実施する中小企業等※なら、誰でも応募可

**要件1**
付加価値額
**+3%以上／年**

**要件2**
給与支給総額
**+1.5%以上／年**

**要件3**
事業場内最低賃金
地域別最低賃金**+30円**

※業種によって定義が異なるが、製造業の場合は、資本金3億円以下又は従業員300人以下の企業を指す。また、革新性や事業性等の審査がある。年によって異なるが、例年は2〜3倍程度の採択倍率。

〈かつてない「使いやすさ」〉

- データ連携や海外展開等の高度な取組や事業計画策定を支援できるメニューを用意

- 最適なタイミングでの申請、十分な準備・事業期間の確保が可能に

- あらゆる補助金の手続を一つのポータルサイトに集約（J-Grants）

- 新型コロナウイルス感染拡大に対応し、ビジネスモデルの転換に取り組む事業者向けに低感染リスク型ビジネス枠（新特別枠）を創設

令和元年度補正予算及び令和2年度第3次補正予算で中小機構に措置
並びに令和3年度当初予算で措置

参考：中小企業基盤整備機構HP

# 一人で起業するか、仲間と起業するか

　起業をする際に、一人で起業するのか、それとも仲間などと複数で起業するのかで、生産性や自由度は大きく変わります。

　まず一人起業の場合、これは皆さんも想像がつく通り、「とにかく自由」ということです。

　起床時間も自由、自分のサービス内容や商品の値付けも自由、売上目標の設定金額も自由ですし、いつ業態を変えたり辞めたりするのかも自由です。クライアントやお客様に迷惑をかけなければ、休みをいつとっても構いません。「誰の断りもいらない」ということです。

　反対にデメリットといえば、一人というのは、やれる仕事の範囲が限られることです。「もう少し深く関わりたいのに」「もう少し大規模なことをやりたいのに」と思っても、一人しかいないので限界があります。また、本業の仕事の他に、営業をしたり、請求書を作ったり、記帳して入金確認をしたり、名刺を発注したり、得意不得意に関係なく全てを一人でやらなければなりません。

　その点、仲間などと複数で起業すると、生産性が高くなります。営業が得意な人、事務作業が得意な人、制作が得意な人、それぞれが得意分野を集約して仕事ができますので、作業も速いですし効率的です。一方で、このことからもわかるように自由度は一人起業よりも下がります。経営方針や値付け、売上目標から休日の設定まで、一人と違い好き勝手にはできません。もちろん起業当初はそれまでの会社員生活よりは自由度は高い

3章 個人で稼ぐ

ですが、その会社も大きくなれば、同じようになっていきます。

　起業をしたときに「自由度」を優先するのか、それとも「成長度」を優先するのか。一人起業の場合は、それを突然方向転換しても誰にもとがめられませんので、時代や状況に合わせて調整できますが、複数で起業する場合は意見が分かれることもあります。「そんなに仕事を入れられたら会社員時代と同じで起業した意味がない」「ＩＰＯ（株式上場）を目標としているのに、そんなに自由優先でのんびり仕事をしてもらったら困る」ということも起こり得ます。仲間と起業する場合は、起業する前に、起業目的や将来的なビジョンが一致しているかどうか、お互いに確認しておいたほうがよいでしょう。

### 一人で起業か、仲間と起業か

|  | 一人起業<br>（フリーランス） | 複数で起業 |
| --- | --- | --- |
| メリット | 完全な自由 | 得意不得意を分業でき、生産性が上がる |
| デメリット | 不得意なことも一人でやらなければいけない。活動範囲に限界がある | 会社員時代よりは自由だが完全に自由ではない |

### ポイント

●一人起業は全てが自由。仲間との起業は「自由度優先」か「成長度優先」かを事前に話し合っておこう。

# 「自分発信」は
# 初期投資もリスクも少ない

　「個人で稼ぐ」の中で、リスクなく始められるのは、「自分が商品になる」ことです。自分が商品となって、さまざまなツールを活用しながら情報発信をし、自分自身に仕事を依頼してもらう方法です。**初期投資がほぼかからないので金銭的には安心・安全です**。

　たとえば、自分が普段考えていることや学んだ知識の情報発信などで収入を得る場合、実費はほぼ0円です。

　また、カメラマンやモデル、インテリアコーディネーター、フードコーディネーターなどが仕事の依頼を得るためにインスタグラムに写真をアップするときなどは、撮影スポットまでの交通費、撮影に使う服、雑貨、食材などの実費がかかります。それでも莫大な金額とまではいきません。

　「自分を宣伝する」という仕事の仕方の場合は、いわゆる「広告宣伝費」と「経費の実費」が初期投資の中心となりますが、軌道に乗れば自然にクライアントから依頼の問い合わせが増えてきますので広告宣伝費もかからなくなっていきます。

　競争が激しいのは確かですが、見方を変えれば「元手がかかっていないのだから、仕事がもらえたらラッキー」くらいで気軽に始められますし、うまくいかなくても失敗といえるほどの自己資金の損失もありません。

　一方で、「自分以外のもの」を売り込むときは、一定の初期費用が必要になります。なぜなら「売る物」を仕入れたり作ったりして用意しなければいけないからです。その費用が初期投

3章 個人で稼ぐ

資として必要になりますので、リスクは若干上がってきます。完売した場合は、初期費用以上のお金が手元に残り、また新しい商品を仕入れたり作ったりできますが、売れ残ってしまった場合、初期費用分が回収できず、手持ちの資金がどんどん減っていき、次の商品を仕入れたり作ったりするお金がなくなって、ビジネスが続けられなくなってしまいます。

　商売を始めることは誰でもできます。でもその多くは途中で資金が底をついてしまい、継続できなくなります。お金のやりくり、つまり資金繰りをうまくやっていける人が「生き残っている人」ということです。

　初心者は、自分を商品として売っていく、なるべく安い原価で材料を仕入れてハンドメイドで売るなど、初期投資や売れ残りの在庫リスクを抱えないというスタイルから始めるといいと思います。

### 自分発信のものは初期投資が少なく始めやすい

| ビジネス形態 | 初期投資 | 原価 |
|---|---|---|
| 自分発信（自分が商品） | 少 | 少 |
| 自分発信（モノづくり） | ↓ | ↓ |
| 飲食店・雑貨店など | 高 | 高 |

**ポイント**

- 自分発信：初期投資の費用はほぼかからない。
- 飲食店・雑貨店など：仕入費用をはじめ初期投資の費用がある程度かかる。売れ残りの在庫リスクあり。

# クラウドファンディングの活用メリット

　モノづくりには費用面でのリスクがあると言いましたが、それを打開するためのサービスが近年提供されています。「クラウドファンディング」です。

　クラウドファンディングとは、インターネット上で自分のやりたいことを発表して、賛同してくれた人達から幅広く資金を集める仕組みのことです。

　たとえばモノづくりを例にとると、材料が数千円などで済むくらいのものをハンドメイドで作りたい場合は自己資金で足りますし、もし売れ残ったとしてもリスクはそれほどありません。しかし原材料が高価なもの、あるいは自分だけでは作れず外注業者に発注しないと作れないものとなると、原価も数十万円以上になるものもよくあります。その場合、せっかく作って販売しても全く売れなかったら大損になります。

　そのようなリスクを避けるために、最初に企画提案としてインターネット上に商品の概要と価格を発表して、賛同してくれた人から注文をもらい、一定の注文金額に到達したら正式に商品を作り始めるという、いわば受注生産の形式をとることができるのがクラウドファンディングのメリットです。受注生産のメリットは、資金繰りが楽になることです。既に販売数、入金額が確定している段階でモノづくりを始められるので、「売れ残り」の心配がなく、損失もないというわけです。

　企画提案をインターネット上に掲載しても、一定の注文数、賛同数に達することができずに未成立に終わることもあります

が、もし自己資金でそれを製造販売していたら、全く売れなかったのかも……と思えば、クラウドファンディングに掲載したことで「損失を防げた」と考えることもできます。

### クラウドファンディングの活用例

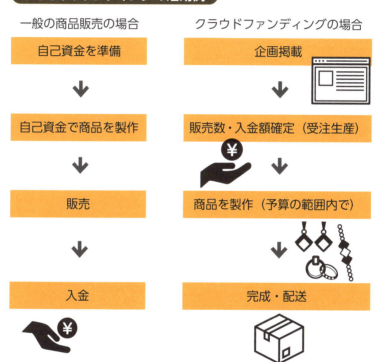

【クラウドファンディングサイト】Makuake、CAMPFIRE、READYFOR など

**ポイント**
- クラウドファンディングは自分の企画力を養うことにも役立つ。

# 自分発信で稼ぐ最大のメリットは、自分の市場価値がわかること

　商売が成立するのは、「需要」と「供給」が一致したときです。

　たとえば、ある人が「1回10万円で節約や経費削減のコンサルタントをします」と宣伝したとします。「あなたにそんなお願いをする人なんていないよ」と周囲に言われようとも、ある会社の社長がそれを聞きつけて「ではお願いします」と声をかけてくれたらそれでビジネスは成立です。いたって単純です。

　声をかけてくれた人も、自分に得がある、お金を出す価値があると思って相手に依頼をしています。この例でいえば、社長は次のような目的で依頼をしたことが考えられます。

①マンツーマンで、自分の会社の経費削減と、自分の個人資産の相談をしたい（きっと合わせて10万円以上の節約や経費削減のアドバイスはくれるはずだから、結果的には自分のほうが得をするだろう）
②自分の会社の社員研修として100人の社員に向けて経費削減の大切さを講演してほしい（10万円÷100人だったら一人1000円の研修費で済むし、講演後には経費も減少していくだろうから結果的に自分が得をするだろう）
③自社開催の顧客向けのイベントの登壇者の一人として登壇してほしい（イベント予算50万円で、ちょうど何人か講師を探しているところだった）

自分の価値が本当はいくらなのかは、自分が市場に出てみないことにはわかりません。自分ですら気づかなかった自分のニーズを見出してくれる、引き出してくれるクライアントもいます。だから自分で値付けをして、自分の価値を試すことができる環境はとても学びになります。

　あまりに安く値段を設定した場合は、仕事はあるけれど会社員の時給単価より安くなってしまったということもあるかもしれません。また、値段を高くつけすぎた場合は誰からも依頼が来ないこともあるかもしれません。反対に、ダメでもともと、とつけた値段で依頼が来てしまって驚いた、ということもあるかもしれません。それら全てが学びになり、自分の市場価値はこれくらいなのだ、という自覚にもつながります。

理論上は、単価が安いほうが仕事の依頼が多いはずだが、現実は例外もかなりある。
【高い値段でも依頼のあるケース例】
　・緊急性が高い（早く問題解決をしてくれる人）
　・希少性が高い（他にやれる人がいない）
　・頭割りで考えている（100人に聴講してもらうなら一人当たりの単価は安い、など）
　・あまりに安すぎると逆に心配（ある程度高いほうが相手に安心感を与える）

**ポイント**

●**雇われて働く：月給30万円、時給1000円など金額が雇用主によって決められている。**

●**自分発信で稼ぐ：自分で自分の値段を決められる。1万円としてもいいし、50万円としてもいい。**

3章　個人で稼ぐ

# エージェントから
# スカウトされたら……？
# 所属するか、しないか

　人気のインフルエンサーが有名エージェント会社に所属した、反対に長年エージェント会社に所属していた人が退社した、といったニュースを見聞きしたことがあると思います。

　エージェントの解釈は幅広いですが、日本においては、一定の手数料をもらって、本人の代わりに仕事をとってくる営業をしたり、金額交渉をしたり、スケジュール調整をしたり、といった業務を行っていることが多いと思います。

　もしあなたがインフルエンサーとしてブレイクして、エージェント会社から「うちの所属になりませんか」とスカウトが来たらどうしますか。

　エージェントの所属になることのメリットと、所属しないままでいることのメリットをお伝えしますので参考にしてください。

　次ページの表を見ていただくとわかりますが、自分一人で仕事の金額交渉をする場合、営業が苦手な人は依頼された金額通りで仕事を受けてしまう場合があります。

　その点、エージェント会社はプロですので、金額交渉を単に代行してくれるだけでなく、その人の「単価」を高くなるようにアピールしたり交渉をしてくれます。皆さんも実際にやってみるとわかりますが、自分で自分のことを「私は優秀ですごいんですよ！」とはなかなか言いづらいものです。

　第三者が「この人のどこに価値があるのか」ということを客観的に営業してくれることで、仕事の受注単価を引き上げてく

れます。そのため、エージェント会社がエージェント手数料を差し引いても、本人には、自分で営業するよりも高い金額が振り込まれることが多いはずです。一方で、エージェントと相性や考え方が合わないということも実際にはあります。

　また、YouTuberのような、既に自分でお金を稼げてしまっている人は、エージェントが仕事をとってくるというよりも、メディアからの問い合わせを一本化するためにエージェントを活用したり、ブランディングの相談をしたりすることが主なメリットになってくると思います。そのため、「全て自分で考えてやりたい」人はエージェント契約をすると逆に不自由になることもあります。その点は、自分がどう活動していきたいのかを考えながら、決めるといいでしょう。

　このように、自分がブレイクしたときのことを想像しながら活動するのも楽しいと思います。

自分で金額交渉する場合

|   | お金の流れ | 金額 |
|---|---|---|
| ① | 先方からの希望金額 | 200 |
| ② | 自分で金額交渉、成立 | 200 |
| ③ | 先方から自分宛てに入金 | 200 |

エージェント契約した場合（エージェント料30％の場合）

|   | お金の流れ | 金額 |
|---|---|---|
| ① | 先方からの希望金額 | 200 |
| ② | エージェントが金額交渉、成立 | 400 |
| ③ | 先方からエージェントに入金 | 400 |
| ④ | エージェントから自分宛てに入金 | 280 |

②いいエージェントは、本人への支払いが所属したほうが得になるように金額交渉をする。
④エージェントが自分達の取り分（30％）を差し引いた残額（70％）を振り込む。

# 自分で稼ぐ力をつけたいなら、ボランティアではやらずに500円でもいただく

　以前、確率に関する本を読んでいて面白い内容がありました。誰かから手伝いをお願いされたときに、「少し謝礼を出すからやってくれない？」と言うよりも「ボランティアで悪いんだけど、やってくれない？」と言われたほうが、相手が「いいよ」という確率が高かったというのです。皆さんはどうでしょうか。

　お金が発生することで、その手伝いが自分の心の中で任意から義務になるので、多くの人はボランティアのほうが「気楽」なのでしょう。

　お金をもらってしまうと「お金をもらっていないから、多少相手の期待通りでなくても、罪悪感が少ない」という気楽さがなくなり、「お金をもらう以上、相手の期待に応えないといけない」と、仕事としての責任を感じてしまうからではないかと思います。

　「お金はないよりあったほうがいい」と思う一方で、「お金よりも気楽さのほうを選ぶ」という人も多いというのは、人間は矛盾に満ちた生き物のように思えますが、お金のあるなし、というのは、実にこの差なのではないでしょうか。

　「個人で稼ぐ」場合には、お金をいただく以上、金額に関係なく責任を持ってやるという意志がないと、収入を得るのは難しいです。それは「500円」でも「5万円」でも一緒です。

　だから私も、図々しいと思われるかもしれませんが、単価は安いより高いほうが嬉しいです。なぜなら「500円の仕事」と

「5万円の仕事」で提供する内容に差をつけることはあっても、モチベーションで差をつけることはないからです。500円の仕事だから手を抜こう、というような仕事の仕方をしていたら5万円の仕事もいずれなくなります。どの仕事も全力でやる人が自分で稼ぐことができている人だと私は思います。

謝礼をくれると言っているのにそれを断るのは、自分の仕事にまだ自信がないということかもしれませんが、それではいつまでも収入を得られるレベルにならないのも事実です。謝礼がいただける機会があったら、それはありがたくいただいて、次にまた依頼があったときにさらにいいレベルの仕事ができるように、自分の勉強代にその謝礼を充てるのがいいお金の使い方だと私は思います。

**ポイント**

● 相手がお金を出すということは、プロとしてのレベルのものを提供してほしいということ。それに応えることができるのがプロの稼ぎ手。

# 自分の頭の中だけは誰にも盗まれない

　営業が得意な人は、「自分で売れそうな商品を仕入れて販売したい」、接客経験のある人は、「実店舗で華やかにお店を開きたい」など、それぞれお金を稼ぐ方法を考えると思います。ただし、うまくいけばいくほど、大きなリスクがあります。それは「模倣される」ということです。うまくいっている人や商売を見て、多くの人達が自分も、と模倣し始めます。

　そこで生き残っていけるかどうかは、「模倣されたら、さらに相手を突き放せる実力やアイデアがあるかどうか」ということだと思います。

　そのため、どのような商売であっても、自分自身が「企画者」として、どこまでオリジナリティがあるのかということを、常に突き詰めていくことが大事なのではないかと思います。

　海外でたまたま掘り出し物の商品を見つけて輸入販売をして、大ヒットをしてあぐらをかいていたら、たちまち他の商社もその商品を安く大量に仕入れて商売が成り立たなくなってしまった、飲食店を開いて名物料理が大人気になってあぐらをかいていたら、食品会社がそれを参考にした商品を開発してスーパーで大量に売り始めてしまった、ということもあるかもしれません。

　そうしたときに、たとえ表層的にアイデアを盗まれたとしても、自分の頭の中だけは、誰にも盗まれないわけです。「また新しい掘り出し物の商品を見つけるからいいや」「いくらでも新しいレシピは頭の中にあるので別にいいや」という人は、圧

### オリジナルアイデアのある人が生き残れる人

| 業種 | リスク | 生き残れる人 |
|---|---|---|
| 飲食店 | メニューを模倣される | いくらでも新しいメニューを考える自信がある |
| セレクトショップ | 同じ商品を並行輸入される | いくらでもいい商品を探す自信がある |
| 文章、イラスト | 同じ文体、構成を模倣される | いくらでも新しい創作物が作れる |

倒的に強いのです。

　逆に模倣ばかりしている人は、今度は自分のものを他人に模倣されたら、そこで手がなくなり、また新しい模倣を探す……を繰り返す模倣人生です。

　お金のために模倣人生になるか、それとも自分の人生を自分らしく、オリジナリティを持ちながらお金を稼いでいくか。後者のほうが苦労も多いでしょうが、精神的には気楽だと思います。「オリジナルのアイデア」というのは、自分で稼いでいく上で、最も大切な要素の一つです。

**ポイント**

● アイデアを盗まれても「自分のアイデアは模倣されるほどよかったんだ」と、堂々としていること。自信を持って次のアイデアを行動に移そう。

# 個人で稼ぐ方法

　3章の最後にその他の「個人で稼ぐ方法」を紹介します。

## 1.問い合わせや依頼が来やすい自己紹介媒体

　自分発信で稼ぐときに、自分を宣伝する媒体をどこにするか、という課題があります。多くの人は、はじめは次ページの表に載っているような媒体で、できるものを一通りやってみて、その中から実際に問い合わせの多い媒体のコンテンツに絞っていくのではないかと思います。

　以前はホームページを作成していても、今はしていない人も多いようです。ただ、堅めの業界や会社などからは、仕事の発注をする際に、「ＨＰを持っていますか？」と聞かれたり、詳しい会社概要を求められたりする場合もあります。その場合、ＳＮＳにしか自己紹介サイトがないと資料不足になることもあります。自分が仕事を受けるクライアントの業界や規模によってはホームページがあったほうが、スムーズに受注できる場合もあります。

　一方、エンジニアやクリエイターのような専門職の方は、その業界の人達が普段見ているツールでお互いに情報交換をしたり、求人や仕事の紹介をし合ったりしているケースも多いです。私も、自分のアプリを開発するときには、ビジネスパーソンのマッチングアプリで知り合ったエンジニアに直接連絡し、デザイナーの手配なども含めて制作を依頼しました。

　私自身のホームページは、会社員時代の同僚だったデザイナ

## 仕事の依頼が来やすい自己紹介媒体を見つける

| 媒体の種類 | 備考 |
|---|---|
| 自社・自分の<br>ホームページ作成 | 堅い業界、信頼が必要とされる場合 |
| Twitter | エンジニア等ＩＴ系 |
| Instagram | モデル、クリエイティブ系、フード関係等 |

・その他ブログ、ビジネスマッチングアプリなど。
・クライアントとなる人が、「探しやすい」「見つけやすい」「わかりやすい」媒体を意
　識する。

ーにお願いしているのですが、今はそのような人脈がなくて
も、ＳＮＳツールを検索して仕事をお願いしたいデザイナーや
エンジニア、クリエイターなどがすぐに見つかる時代です。と
いうことは、反対にそれだけ仕事を受けられるチャンスも以前
よりも圧倒的に広がっているということだと私は思います。

### ポイント

**個人レベルで仕事をお願いしたりされたりする環境やチャンスは、これまでになく広がっている。**

### 2. 自分のよさが出せる活動媒体を見つける

　私自身は、自分が打ち合わせなどで何か発言した後に「やっぱり、ああ言えばよかったかな」「あの一言余計だったかな」と次の日になっても気にしてしまう性格です。その点、文章は何度も自分で読み直し、書き直しをして納得したものを納品できるので、私の性格上、自分が考えていることを表現するのに一番安心できる方法です。

　自分を表現するときに、どの媒体を使うと、より自分のよさが出るか、自分も楽しくできるか、ということについて110ペ

ージの表にまとめてみました。

　媒体との相性は、その人の性格と、作業時間にどのくらいの時間をかけられるかによってある程度決まってくるのではないかと思います。

「アドリブが得意」「失言しない」「作業時間がとりにくい」人は、生配信、短文投稿などの媒体のほうがその人の強みが出ると思いますし、「アドリブが苦手」「失言癖がある」「作業時間がとりやすい」場合は、編集ができる媒体のほうが誤解やリスクがなく、伝えたいことがしっかり伝わると思います。

　先日、あるお笑い芸人が「自分の動画投稿のうち、コントは伸びるんだけど、企画物の動画が伸びない」とテレビで話していましたが、コントでブレイクしたため、瞬発的なネタよりも、コントのような作り込みのできるコンテンツのほうが、人気があるのだと思います。

　一方で、Twitterで人気のお笑い芸人には、テレビを見ても瞬発的に面白い切り返しができる方が多いように思います。

　皆さんも一つの媒体で試してみて、反応が薄かったとしても「やっぱりだめだ」とすぐ諦めずに、違う媒体でも試して、自分と相性のいい表現の場を根気よく探してみてください。ま

## 自分のよさが出せる媒体

| 種類 | 自分の性格・作業環境など | よりよさが出る媒体 | 媒体例 |
|---|---|---|---|
| 瞬発型 | アドリブが得意、失言しない、作業時間がとりにくい | 編集しなくていいもの、生配信、短文投稿など | Twitter、インスタライブ、Clubhouseなど |
| 作り込み型 | アドリブが苦手、失言癖がある、作業時間がとりやすい | 編集可能なもの、録画配信、長文投稿など | ブログ、YouTube、noteなど |

た、本来得意でない媒体でも克服することは可能です。私も講演会があるときは、何回も自分で作ったシナリオに沿ってリハーサルをして臨むようにしていますし、回数を重ねれば経験値が積み重なり、だんだん得意になり好きになっていきます。

### ポイント

**自分のよさが出て、なおかつ楽しく続けられる媒体を根気よく探す。**

### 3. モノを買う立場から売る立場に（ハンドメイドなど）

　私は不器用なのでやりたくてもできませんが、手先が器用なら「ハンドメイド」が、余計な出費を抑えつつ、収益をあげられる可能性が高いと思います。

　下の表のように、ハンドメイドのものを売る環境が今は整っています。

　既製品の場合、高いお金を払って買い、不用になったら、買った値段からかなり値引きした金額にしてフリマサイトで売るか、廃棄するかになります。

　一方、ハンドメイドの場合、費用は原材料しかかかりません

### ハンドメイドは貯まるチャンスが2倍

|  | 既製品を購入した場合 | ハンドメイドした場合 |
|---|---|---|
| 費用 | 販売価格 | 原材料 |
| 収益の可能性 | 廃棄 or<br>フリマサイト | 販売サイト and<br>フリマサイト |

ハンドメイドは、出費も節約でき、利益になる環境が整っている。
【ハンドメイド販売サイト】BASE、STORES、minne など
【フリマサイト】メルカリ、ヤフオク！、ラクマなど

ので自分のお金の支出を抑えられます。そして作ったものは、今は簡単な手続きで販売サイトでもフリマサイトでも売ることができるようになりました。さらに使用済みのハンドメイド作品でさえ中古品としてフリマサイトで売ることもできます。そう考えるとお金のためだけでなく、自分で作ったものを使用するだけでなく売り、そのお金でまた新たなものを作る、という「自給自足」という点でも非常にエコではないかと思います。

　今までは日々忙しすぎてとてもハンドメイドをする時間がなかった人でも、ニューノーマルの時代になり、多少時間に余裕がある人は、生き方、稼ぎ方の選択肢の一つとして候補に挙げてもいいのではないかと思います。

**ポイント**

**ハンドメイドで、エコな生き方、稼ぎ方を目指してみよう！**

### 4. 知識や経験を学ぶ立場から伝える立場に（講師など）

　私の周りにはたくさんの資格を持っている会社員が何人もいます。「そんなに資格を持っていたら、自分だったらすぐにでも独立していますよ……」と話をするのですが、彼らと話していてよくわかりました。彼らは「学ぶこと」が好きで、独立するために資格勉強をしているわけではないのです。

　でも、やはりもったいないと思います。自分の持っている才能は、使わずに大事にしまっていると、久しぶりに取り出したときに錆びていたり、腐食していたりすることがあります。「自分の才能＝賜物」は、いつも使うことで、磨きがかかります。

学んだ知識は、インプットした後に、実践でアウトプットすることで定着します。そしてそれを繰り返すことで、さらに定着が強固になっていきます。

　インプットも大切ですが、それと同じくらいアウトプットも大切なのです。

　現在、「インプット：アウトプット」＝「10：0」の比率で時間やお金を使っている人は、自分で学んだものをＳＮＳで発信するなどして、「インプット：アウトプット」＝「5：5」くらいにしてみてください。せっかく得たいい知識や情報も、その人以外が享受できないのはもったいない話ですし、「どのようにしてアウトプットすれば相手に伝わりやすいのか」「より興味を持ってもらえるように面白く伝えるにはどのようなアウトプットがいいのか」と考えることで、得た知識をさらに深掘りしたり可能性を見出したりすることができると思います。

　それで外部から講師などとして声がかかったら、インプットしたものを活かした仕事を得られ、そのアウトプットで得られたお金で、また新たなインプットをすることができます。

### インプットとアウトプットの関係

|  | インプット | アウトプット |
|---|---|---|
| お金の流れ | お金を払って学ぶ | お金をもらって伝える |
| 学び | 吸収 | 定着 |

吸収したインプットは、アウトプットすることで定着する。

## コラム

## 「ロイヤリティ収入」で不労所得を増やす

　YouTube や note などの媒体を活用して、広告収入、課金収入を目指すと、金銭面では初期費用もかからず、手軽に始められるのですが、それらの媒体で成功している人は、更新頻度が非常に高いです。また、編集作業にもかなり時間をかけています。

　そこまで時間がとれない人も実際には多いと思います。時間はないけれども、ある程度投資できる貯金はあるので、YouTube 的な爆発力のある収益が期待できそうなビジネスモデルが何かないかと考えている人は、アプリのような「製品」を作って、課金収入のビジネスにトライしてみるのもいいかもしれません。

　実際に私も「節約ウオッチ」（iOS 版）という節約のアプリを作って運営しています。ビジネスマッチングのアプリに登録されていた、アプリ開発の経験のあるエンジニアから、自分のイメージと合ったものを作ってくれそうな人に依頼をして、アプリ開発の基本から教えてもらい、打ち合わせをしながら自分の希望通りのアプリを作ってもらいました。

　アプリ開発のようなビジネスモデルがいいのは、初期投資はかかりますが、大幅なリニューアルをしない限り、一度完成したら、自分がそれ以上作業にかける時間を必要としないことです。広告宣伝などはする必要がありますが、あとは「待ち」の状態ですので、一度作ってしまえば、別の仕事をしている間に、「ちゃりん」と課金報告を受けるだけです。

　毎日、毎週コンテンツを作る時間がとれない人はお金をかけて、反対に時間がとれる人はお金をかけずに、自分のライフスタイルに合うビジネスツールを探すとよいと思います。

# 4章
# 投資による利益

お金を眠らせずに貯める仕組みの底上げに使う

# 株などの投資リスクが怖い人は、自分に投資しなさい

　投資にもいろいろな種類があります。自分自身に投資するものと自分以外のものに投資するもの、そしてリスクが低いものから高いものまで。

　株式など一般的な投資が怖いという人は、「自分自身」に投資をするという選択肢もあります。自分が成長、成功すればいいのです。

**1. 自分自身への投資**

　**①会社員としての年収アップを目指す投資**

　仕事に必要なスキルをアップさせることで、会社員としての年収アップにつなげます。

　以前、会社員の友人が「滑舌をよくしたい」と、アナウンサーを目指す大学生に交じってアナウンススクールに通っていました。一から話し方について指導をしてもらったところ、プレゼンや商談なども自信を持ってできるようになり、実際に成績や評価、年収も上がったそうです。

　こうしたスキルは一生ものですので、自分をスキルアップさせることで、たとえばこれまでより100万円多い年俸の会社に転職できたら単純に10年で1000万円も差がつき、投資した金額分は簡単に回収できます。そしてスキルがあることで、自分がやりたい業務に手を挙げても、実際にやらせてもらえる機会も増えると思います。

●投資例：簿記、TOEIC®、MBA など

### ②副業のための投資

趣味や興味のあることに、収入を得ることを目標に投資をします。料理が趣味の人だったら、実際に一流の先生に習ったり、プロ仕様の道具を一式揃えたりして本格的に活動を始めるのもいいでしょう。また YouTube などを始めたい人は、撮影機材の費用の他に、編集を手伝ってくれる人へのアルバイト代などにお金がかかりますが、その分、広告収入などで黒字化を目指してもいいかもしれません。

私は以前、外国人に、日本語を教えてほしいと言われたのがきっかけで、実際に日本語教師の資格を取得しました。このように実際に収入を得られる仕事として、教えることができるものを学ぶためにお金を投資するのもいいと思います。

●投資例：料理、写真、ファッションなど、インフルエンサーを目指すための本格的な活動費用。

ファイナンス、リラクゼーション、インテリアなど、以前から興味があった分野の資格取得など。

### ③独立のための投資

フリーランスや起業のために自己投資をします。

実際に店舗経営をする人や、商品を仕入れて販売するような人達はまずそのための準備費用が必要になります。自分の手持ちの資金で足りない場合は、銀行などから借り入れたりする必要がありますが、近年はクラウドファンディングで資金を事前に集めたり、個人投資家から出資をしてもらう方法もあります。

一方で、クリエイターやコンサルタントなどの仕事は、そのような初期費用はあまりかかりませんが、常に新しい情報などをキャッチしてクライアントに提供しなければいけないので、そのための書籍や資料などを購入したり、国内外の最新のスポットを訪問したりと、常に刺激や知識を得るための自己啓発や学びに投資します。

●投資例：会社経営に必要な費用（会社の設立費用、家賃、人件費、商品や原材料などの仕入れ費用、税理士への顧問料、等々）。
　自己啓発の費用（国内外の展示会訪問、書籍や資料の購入、経営の勉強、等々）。

### ２. 自分以外のものに投資

#### ①株式、暗号資産、金など価値の変動で利益を得る投資

　株式、暗号資産（仮想通貨）、金など、購入した時点の価値と、その後の価値との差で利益を得ることもあれば、損失を被（こうむ）ることもあります。一般的には安いときに買ったほうが、下がる確率は低いので、初心者は安値のときに投資をしたほうが安全です。

#### ②不動産(家賃収入用)、フランチャイズ系(事業収入の配当)などへの投資

　不動産を購入したり、フランチャイズ展開しているビジネスに投資をしたりして、家賃収入や収益の配当を得ます。投資した金額以上の収入がある場合もあれば、そうでない場合もあります。

### ③会社や人、プロジェクトへの出資

見込みのありそうなベンチャー企業や人、プロジェクトなどに出資をして、それが成功した場合に配当などの収益を得られますが、成功しない場合もあります。投資をする人自身が過去そのように援助されて成功し、それで得た資金で、同じような立場の人に資金援助をするケースも多くみられます。

### ④不動産（マイホーム用）

住居用の住宅を資産として購入します。投資でありながら、自分が住むことができるので、「賃貸で支払う家賃がもったいない」「将来、もし病気や要介護などになったときに、大家さんから契約更新を断られたら怖い」などの考え方の人には向いています。ライフステージの変化で自分が住まなくなったときに、売却する選択肢の他に、②のように、貸出しをして家賃収入に切り替えることもできます。

### 自分、自分以外への投資のリスク

| 投資の種類 | 怖い・損をしたくない | 怖くない・リスクも承知している |
|---|---|---|
| | 自分へ投資 | 自分以外へ投資 |

株式など一般的な投資をしない人も、自分へ投資をすることで自分の価値を上げることはできる。

ポイント

● 自分が安心して投資をするためには、いくら貯めればいい？
　必要な金額（　　　　円）

# 投資用商品のいろいろ

　投資用商品には、初期投資に必要な資金の範囲も、リスクの範囲もさまざまです。全て自己責任になりますので、投資を始めるにあたっては、必ず契約する前に、商品内容や契約条項を最初から最後まで読んでリスクを理解してから正式な契約や投資を始めるようにしてください。

　投資は投資のルールや流儀を知らなければお金を貯めることはできません。一般的な株式投資の他にも、次のような投資用商品があります。

**個人向け国債**

　個人向け国債とは、個人客のみを対象に国が発行する債券のことで、元本と利子の支払いは日本国が行います。安全性の高い金融商品ですが、日本国の信用状況の悪化により、損失が生じるおそれもあります。一般の国債に、1万円単位で購入でき、最低金利が保証されるなど個人客が購入しやすいよう工夫が加えられたものが個人向け国債です。購入年齢層やどのような商品があるか見てみましょう（121、122ページも参考にしてください）。

**個人向け社債**

　個人向け社債とは、会社が発行する債券（社債）を個人向けに販売しているものです。会社が資金を調達したいときに活用する手段で、会社が潰れるというリスクさえなければ、満期時に元本と利子が返ってきます。証券会社を通して買うことがで

## 個人向け国債の商品性の比較

| 商品名 | 変動金利型10年満期<br>**変動10** | 固定金利型5年満期<br>**固定5** | 固定金利型3年満期<br>**固定3** |
|---|---|---|---|
| 満期 | 10年 | 5年 | 3年 |
| 金利タイプ | 変動金利 | 固定金利 | 固定金利 |
| 金利設定方法[※1] | 基準金利×0.66[※2] | 基準金利-0.05%[※3] | 基準金利-0.03%[※3] |
| 金利の下限 | 0.05% ||| 
| 利子の受け取り | 半年毎に年2回 |||
| 購入単位（販売価格） | 最低1万円から1万円単位<br>（額面金額100円につき100円） |||
| 償還金額 | 額面金額100円につき100円（中途換金時も同じ） |||
| 中途換金 | 発行後1年経過すれば、いつでも中途換金可能[※4]<br>直前2回分の各利子（税引前）相当額×0.79685が差し引かれます。 |||
| 発行月（発行頻度） | 毎月（年12回） |||

※1 国債の利子は、受取時に20.315%分の税金が差し引かれます。ただし「障害者などの非課税貯蓄制度（いわゆるマル優、特別マル優）」の適用を受け、非課税とすることができます。この制度については、税務署などにお問い合わせください。
※2 基準金利は、利子計算期間開始日の前月までの最後に行われた10年固定利付国債の入札（初回利子については募集期間開始日までの最後に行われた入札）における平均落札利回り。
※3 基準金利は、募集期間開始日の2営業日前において、市場実勢利回りを基に計算した期間5年または3年の固定利付国債の想定利回り。
※4 中途換金の特例：災害救助法の適用対象となった大規模な自然災害により被害を受けられた場合、又は保有者本人が亡くなられた場合には、上記の期間に関わらず中途換金できます。

財務省ＨＰより

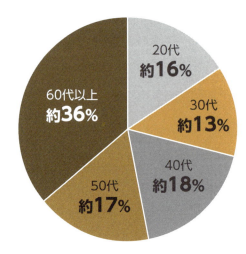

「令和2年度国債広告の効果測定に関する調査報告書」より

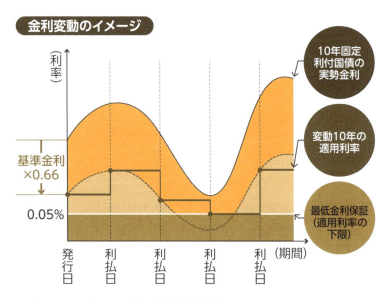

※グラフはイメージであり、今後の金利状況を予測するものではありません。

財務省HPより

き、100万円程度から買えるものもあります。

## 投資信託

　投資信託とは、多くの投資家から集めたお金を運用会社がまとめて運用する金融商品です。投資家は、投資信託の保有期間に応じて運用会社に報酬を支払う必要があります。100円から買うことができます。

## ETF

　ETFとは、上場投資信託（Exchange Traded Funds）を指します。投資信託が証券取引所に上場しているので、株の売買と同じように証券会社を通して取引をすることができます。ETFは、日経平均株価やTOPIXの動きに合わせ、それと同じように動くように設計されていますので、投資先の会社を選ぶ必要がありません。

## 不動産投資信託（J-REIT）

　不動産投資信託（Ｊリート）とは、不動産から得られる収入を投資家に分配する仕組みです。株式と同じように証券会社から買うことができます。一般的に、不動産に投資しようとすると数百万円の資金が必要になりますが、この不動産投資信託なら10万円ほどから不動産に投資することができます。

## 暗号資産（仮想通貨）

「暗号資産（仮想通貨）」とは、「インターネット上でやりとりできる財産的価値であり、『資金決済に関する法律』において、次の性質を持つもの」と定義されています。

（1）不特定の者に対して、代金の支払い等に使用でき、か

123

つ、法定通貨（日本円や米国ドル等）と相互に交換できる。
(2) 電子的に記録され、移転できる。
(3) 法定通貨または法定通貨建ての資産（プリペイドカード等）ではない。

代表的な暗号資産には、ビットコインなどがあります。

一般に、暗号資産は、「交換所」や「取引所」と呼ばれる事業者（暗号資産交換業者）から入手・換金することができます。

## 金取引

金投資のメリットとして、円やドル、ユーロ等の貨幣と違い、実物資産のため価値がゼロになりません。また株や債券等の値動きに連動しないため、投資のリスクを分散できます。

### FX（外国為替証拠金取引）

FXとは、一定の証拠金（預かり金）を使って、ドルやユーロ等の外貨を売買していく取引です。元本の25倍まで取引ができます。証券会社で購入できます。

### 少額投資非課税制度「NISA」

NISA（ニーサ）とは、国民の資産形成を後押しするために創設された税制優遇制度です。毎年120万円まで投資することが可能で、最長5年間、投資から得た利益が非課税となります。

## つみたてNISA

つみたてNISAとは、長期の積立・分散投資を通じた資産形成を後押しするために創設された税制優遇制度です。毎年40万円まで投資することが可能で、最長20年間、投資から得た利益が非課税となります。

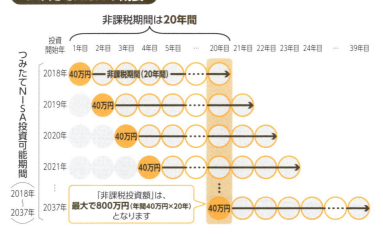

### ジュニアNISA

子供や孫の将来に向けた資産運用のための制度です。未成年者（0歳～19歳）を対象に、毎年80万円まで投資することが可能で、最長5年間、投資から得た利益が非課税となります。

### 株式の損を確定申告で節税する

株式を売却して損をした場合、利益と損失を相殺できる「損益通算」と、株の損失を3年間繰り越してその間の利益と相殺できる「繰越控除」という特例があります。

繰越控除は繰越する年と翌年から3年間は、株式を売却しなかった年も毎年確定申告が必要になります。

ポイント

● 取り扱い説明書を読まずに、いきなり家電製品に触れるかのごとく、理解なく投資に触れないこと。

# 投資初心者は、投資先を「借入金」「前受金」「預り金」の残高が少ない会社の中から選んで始める

　決算書を見て株価が上がる銘柄を特定できればいいですが、実際のところ、決算書の数字がいいからといって株価が上がるという確約はありません。

　だから投資初心者のポイントとしては、まずは「危ない会社に手を出さない決算書の読み方」を理解するところから始めればよいと思います。

　決算書の内容として、貸借対照表（BS）・損益計算書（PL）などがありますが、**すぐ倒産しないような会社に投資をする判断としては、貸借対照表（BS）を見る**とよいと思います。

　貸借対照表（BS）は、平たくいうと、その会社の「残高情報」が載っています（128ページにA社とB社の表を掲載。参照しながら両社の状況を考えてみてください）。

　家計にたとえれば、貯金がいくらあって、借金がいくらあって、来月のカードの引き落としがいくらあるか、といったような「残高一覧」が掲載されています。皆さんの中にもマイホームを持っている人と賃貸で暮らしている人がいるように、会社も、土地建物を所有している会社と賃貸で入居している会社とがあります。

　土地建物を所有している会社は、貸借対照表（BS）に、いくら相当の土地と建物を所有しているかが、「固定資産」に表記されています。こう見ていくと、決算書の内容もより身近に感じられると思います。

　それでは、その**貸借対照表（BS）の残高の何に注目すれば**

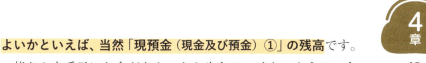

4章 投資による利益

<mark>よいかといえば、当然「現預金（現金及び預金）①」の残高</mark>です。

　皆さんも手元にお金がなかったら生きていけないように、会社も手元にお金がなかったら経営が成りたちません。

　家計も、毎月25日などに給与が振り込まれ、翌月の10日にカードの引き落としがあって、15日に家賃の支払いがあって……というように、1カ月の中でさまざまな出金を入金したお金でやりくりしなければいけませんが、会社も全く同じです。

　それを会社では「資金繰り」といいます。ただし、簿記を知らない人が決算書からそれらを全て読み解くのは難しいので、まずは、現預金がどれくらいあるかを見ましょう。

　たとえば現預金の残高が300億円ある会社と、3億円ある会社であれば、当然、前者の会社のほうが倒産する可能性は物理的に低いですから、初心者はそちらの銘柄を選んだほうが安全であることは確かです。

　特にコロナ禍にあって、数億円、数十億円の現預金残高があっても銀行などから緊急融資をしてもらわなければ資金繰りができなかった会社もあります。売上や利益も大切ですが、株券が紙くずになってしまうリスクを投資初心者は避けなければいけませんので、まず現預金残高を見るといいと思います。

　ただし、注意点が一つあります。その現預金が、皆さんでいうところの「純粋な貯金かどうか」というチェックが必要だということです。

　たとえば、皆さんの友人が「ほら、ここに100万円あるよ！」とお金を見せびらかしていても、それが今しがたキャッシングで借りてきたお金だったら「何を言っているの、この人は……」と思うことでしょう。そのお金はその人の純粋な貯金ではなく、「いずれ返さなければいけないお金」です。

　会社も全く同じです。現預金の残高が豊富にあって、金融機

関などからの「短期借入金②」、来月以降の売上を事前に入金してもらうなどの「前受金③」、実務処理上の流れで、一旦社内でお金を預かるけれども、期日が到来したら社外へ全額出金することになる「預り金④」などの残高がない、あるいは少ない状態であればいいですが、そうでない場合は、現預金残高がいくらたくさんあっても、その中には「借りたお金」「早めに

## 貸借対照表（BS）例

| 連結貸借対照表 | （A社）当連結会計年度<br>（2021年3月31日） | （B社）当連結会計年度<br>（2021年3月31日）（単位：千円） |
|---|---|---|
| 資産の部 | | |
| 　流動資産 | | |
| 　　現金及び預金　① | 1,093,628 | 1,197,439 |
| 　　売掛金 | 85,454 | 323,554 |
| 　　その他 | 33,938 | 804,278 |
| 　　貸倒引当金 | △ 337 | △ 165 |
| 　　流動資産合計 | 1,212,683 | 2,325,106 |
| 　固定資産 | 439,716 | 11,820,685 |
| 　資産合計 | 1,652,399 | 14,145,791 |
| 負債の部 | | |
| 　流動負債 | | |
| 　　短期借入金　② | 7,453 | 2,278,318 |
| 　　未払金 | 67,072 | 1,056,514 |
| 　　未払法人税等 | 44,610 | 13,688 |
| 　　未払消費税等 | 11,957 | 0 |
| 　　前受金　　③ | 3,650 | 256,294 |
| 　　預り金　　④ | 2,190 | 73,000 |
| 　　その他 | 41,903 | 127,914 |
| 　　流動負債合計 | 178,835 | 3,805,728 |
| 　固定負債 | | |
| 　　長期借入金　⑤ | 57,707 | 5,703,417 |
| 　　その他 | 31,850 | 2,311,534 |
| 　　固定負債合計 | 89,557 | 8,014,951 |
| 負債合計 | 268,392 | 11,820,679 |
| 純資産の部 | | |
| 　株主資本 | 1,384,007 | 2,325,112 |
| 　純資産合計 | 1,384,007 | 2,325,112 |
| 負債純資産合計 | 1,652,399 | 14,145,791 |

もらったお金」「預かったお金」が多分に含まれているということですから、安心はできないわけです。特にコロナ禍で借入金を増やしている会社も多いですから、注意が必要です。

経理社員が資金繰り表を作成し社内報告する際には、「今、現預金の残高が○億円あります。以上です」。という報告ではなく、「今、現預金は○億円ありますが、借入金や預り金、前受金など、数カ月以内に出ていく金額も○億円ありますので、実際に自由に使える手元の現預金残高は○億円くらいと考えておいてください」というように報告をします。

家計でも同様に、キャッシングなどで借りたお金、前借りしたお金、一旦預かっただけのお金などがあれば、常にその残高は頭の片隅で把握しておきましょう。

### 経理社員が資金繰りのチェックで気にする項目例

連結貸借対照表　　　　　　　　　　　　　　　　（単位：千円）

| | （A社）当連結会計年度<br>（2021年3月31日） | （B社）当連結会計年度<br>（2021年3月31日） |
|---|---|---|
| ①現金及び預金 | 1,093,628 | 1,197,439 |
| ②短期借入金 | 7,453 | 2,278,318 |
| ③前受金 | 3,650 | 256,294 |
| ④預り金 | 2,190 | 73,000 |
| ⑤長期借入金 | 57,707 | 5,703,417 |
| ②〜⑤合計 | 71,000 | 8,311,029 |
| ①−⑤ | 1,022,628 | △ 7,113,590 |

現預金の残高は一見ほぼ同じだが、実態は大きく異なる。

**ポイント**

●投資初心者は、潤沢に資金のある銘柄から始める。

# 営業利益や経常利益はその会社の本業の健全度を見る目安

　その会社が将来利益を出し続ける会社かどうかは、損益計算書（PL）で判断できます。特にコロナ禍では、これまでになく、多くの会社で数字の大きな動きがありました。

　売上から原価（売上にかかった原材料費、労務費など）を差し引いた「売上総利益」が赤字になることは、今までは上場企業であれば起こる確率が低かったのですが、コロナ禍では営業活動そのものができない業種もありましたので売上総利益が赤字になった会社もありました。

　これは売上が激減してもすぐに原材料費や労務費をカットすることはできないためです。売上総利益から販売費及び一般管理費（会社を維持するための管理部門のコストなど）を差し引いたのが「営業利益（赤字の場合は営業損失）」です。売上総利益が黒字で営業利益が赤字の会社というのは、売上などをさらに上げる施策を打つか、管理コストを下げる施策を打つか、それ

### 損益計算書（PL）

| | | |
|---|---|---|
| A | 売上高 | 本業の売上 |
| B | 売上原価 | 売上に直接的にかかる原価 |
| C | 売上総利益 | A－B |
| D | 販売費及び一般管理費 | 本社費用、管理コスト等 |
| E | 営業利益 | C－D |
| F | 営業外収益（F1）・営業外費用（F2） | 利息・配当・為替差損益等 |
| G | 経常利益 | E＋F1－F2 |
| H | 特別利益（H1）・特別損失（H2） | 固定資産の売買損益、事業撤退に伴う損失等 |
| I | 税金等調整前当期純利益 | H＋H1－H2 |
| J | 当期純利益 | I －法人税等 |

とも両方行うか、などの対応を迫られます。基本的に営業利益が黒字であれば、その会社の本業は順調で健全な経営がなされているとみなされます。営業利益から利息や配当、為替差損益などを加算、減算したものが「経常利益（赤字の場合は経常損失）」

## C社は売上総利益も営業利益も赤字、D社は営業利益だけ赤字

連結損益計算書 (単位：百万円)

|  | （C社）当連結会計年度<br>（2020年3月31日） |
|---|---|
| 売上高 | 3,322 |
| 売上原価 | 4,724 |
| 売上総利益 | △ 1,402 |
| 販売費及び一般管理費 | 12,850 |
| 営業損失（△） | △ 14,252 |
| 営業外収益 | 4,866 |
| 営業外費用 | 19 |
| 経常損失（△） | △ 9,405 |
| 特別利益 | 0 |
| 特別損失 | 520 |
| 税金等調整前当期純損失（△） | △ 9,925 |

連結損益計算書 (単位：百万円)

|  | （D社）当連結会計年度<br>（2020年3月31日） |
|---|---|
| 売上高 | 11,581 |
| 売上原価 | 10,374 |
| 売上総利益 | 1,207 |
| 販売費及び一般管理費 | 18,128 |
| 営業損失（△） | △ 16,921 |
| 営業外収益 | 5,467 |
| 営業外費用 | 32 |
| 経常損失（△） | △ 11,486 |
| 特別利益 | 0 |
| 特別損失 | 610 |
| 税金等調整前当期純損失（△） | △ 12,096 |

となります。輸出入の事業をメインとしている会社は、為替レートが激しく変動していると、営業利益が黒字でも経常利益が赤字、またはその反対のケースもあります。営業利益や経常利益でその会社の健全性が一般的には判断できます。

それ以外に、コロナ禍で資金が枯渇した会社の中には会社で保有している株式などを売却したり、土地建物を売却したりして資金繰りのための資金を捻出した会社もあります。それらの売却益、売却損などは「本業以外の収支」になりますので、経常利益以下の項目で処理されます。最終的な当期純利益が黒字であっても、中身は本業だけで黒字の会社もあれば、本業は赤字だけれど、株式や本社屋などを売却して最終的な数字は黒字にした、という会社もあるわけです。

また、近年のトレンドとして、売上がまだ少ない起業の初期段階で、投資家などからビジネスモデルの将来性を見込まれて大量の資金調達を受け、それを元手に株式上場（IPO）を成功させ、手元の資金が何十億、何百億円もある会社も増えてきています。ただし、そのような会社は右図の例のように、売上は年々伸長し、資金も潤沢ではあるものの、黒字化にはまだ時間がかかりそうだというケースも存在します。この場合に投資対象にすべきかどうかという判断は、難しいところです。

その会社が大量の資金を基に多くの企業を買収して、本業そのものがどんどん変化して、別の業態として成長し、黒字化することも考えられますし、反対にそのまま赤字が続いて資金が枯渇していくという可能性も考えられます。そのどちらになるかを自己判断で予想して投資をするわけです。初心者であれば、毎年順調に利益を出している安全確実な会社群から投資を始め、少しずつ勉強をして投資する銘柄の幅を広げていくのがいいと思います。

## E社の資金は潤沢にあるけれど2年連続赤字が継続

連結貸借対照表 （単位：千円）

| | （E社）前連結会計年度<br>（2020年3月31日） | （E社）当連結会計年度<br>（2021年3月31日） |
|---|---|---|
| 資産の部 | | |
| 流動資産（現預金・売掛金等） | 12,772,474 | 38,028,926 |
| 固定資産 | 1,009,227 | 4,541,537 |
| 資産合計 | 13,781,701 | 42,570,463 |
| 負債の部 | | |
| 流動負債 | 3,113,681 | 5,933,046 |
| 固定負債 | 0 | 546,266 |
| 負債合計 | 3,113,681 | 6,479,312 |
| 純資産の部 | | |
| 株主資本 | 10,354,378 | 35,853,408 |
| 新株予約券 | 313,642 | 237,743 |
| 純資産合計 | 10,668,020 | 36,091,151 |
| 負債純資産合計 | 13,781,701 | 42,570,463 |

連結損益計算書 （単位：千円）

| | （E社）前連結会計年度<br>（2020年3月31日） | （E社）当連結会計年度<br>（2021年3月31日） |
|---|---|---|
| 売上高 | 5,309,335 | 7,898,723 |
| 売上原価 | 1,199,630 | 1,617,018 |
| 売上総利益 | 4,109,705 | 6,281,705 |
| 販売費及び一般管理費 | 6,174,149 | 8,161,996 |
| 営業損失（△） | △ 2,064,444 | △ 1,880,291 |
| 営業外収益 | 5,782 | 3,243 |
| 営業外費用 | 203,697 | 216,690 |
| 経常損失（△） | △ 2,262,359 | △ 2,093,738 |
| 特別利益 | 2,959 | 249 |
| 特別損失 | 23,092 | 22,010 |
| 税金等調整前当期純損失（△） | △ 2,282,492 | △ 2,115,499 |

# 決算書は「推移」で見る

　投資候補先の決算書を見ても、投資をしていいかどうかの判断がつかない場合は、なるべく多くの期間の決算書を見るとよいでしょう。川の流れのように、その会社が「これまでどのような業績をたどってきたか」という事実を見ることで、その会社が「今後どのように流れていくか」イメージがしやすくなります。

　私の場合は、上場企業ならどの会社も必ず開示している「決算短信」という資料をその会社のホームページなどからダウンロードして定期的に確認をします。

　決算短信は四半期、つまり３カ月に一度のペースで開示されます。そこには経営報告や事業別の数字など、全体の最低限の情報が網羅されています。それを過去２、３年前から順番に読み流していくだけでも、その会社が今後さらに急成長しそうか、安定期に入ったか、それとも下降線をたどりそうかなど、「勢いの有無」は感じ取ることができます。

　もちろん、それと株価が連動するとは限りませんが、投資をする際に、「急成長する可能性のある会社に投資をしたい」場合、「確実に配当を確保できる安定した会社に投資をしたい」場合など、自分の希望に応じて投資をする会社の目安をつけることができます。

　また、３カ月に一度その会社の業績推移を見ていくことで、その会社の季節変動（１年のうちで夏場に１年の半分近くを売り上げているなど、季節や時期に売上などが影響を受ける）のある会社なのかどうかなど、その会社の特徴も数字から感じ取るこ

とができるようになります。

「今年は冷夏だから、あの投資先、売上大丈夫かな？」など、普段の生活や日常の出来事などからも投資先の数字などを敏感に予想や意識ができるようになり、投資判断にも役立つセンスが磨かれていくと思います。

また、米大リーグ・エンゼルスの大谷翔平選手や五輪で金メダルを獲得した選手のスポンサー企業の株価が大きく上昇する場合があります。株価は人の気持ちの変化の表れなので、世の中の動きに敏感になることが大切です。

# IR情報がHPのどこに開示されているかで安全な投資先を見つける

　投資に限らず、会社の情報を知るために、私はまずその会社のホームページ（HP）を見ます。特に「投資家情報」「IR情報」といった表示がどこにあるのかを最初にチェックします。

　すると、会社のHPのトップ画面や1クリックするとすぐ見つかる会社と、3クリック、4クリックしてもなかなか見つけられない会社とに分けられます。

　私の場合は、後者のような会社は、多額または長期の投資対象からは外します。このような会社は全てとは言いませんが、投資家の不利益になりそうな情報の開示が遅い可能性が高いからです。

　私も含めて、人間誰しも「いいことは早く大きく、悪いことは遅く小さく」言いがちではないでしょうか。会社も全く同じです。業績がいいときには、こちらが尋ねていなくても「うちの会社は今回、過去最高の利益が出まして」と言いたくなりますし、反対の場合は、こちらからしつこく聞いてやっと「今期はちょっと調子が悪かったかもしれないですね」というように、オブラートに包みます。

　一般的な投資家は、会社のHPの内容やプレスリリース、開示情報などで投資判断をします。そう考えると、情報の受け手、つまり投資する側にとって一番いい会社は、「いい情報も悪い情報も、平等かつタイムリーに、HPのわかりやすい場所に開示している会社」です。

4章 投資による利益

　そのような会社は、たとえネガティブな情報がその会社から開示されていたとしても、受け手側は、「もうこれ以上のネガティブ情報はないだろう」「このようなネガティブ情報をすぐ開示できる社内体制は信頼できるし、決算書や他の開示情報も信頼できる」と判断できるので、株価が暴落する可能性は低いでしょう。

　反対に、HPのどこを探しても「一体、開示情報はどこにあるのだろう」という会社は、基本的に「余計な情報は見せたくない」という姿勢の会社です。そのような体制の会社の場合、タイムリーにネガティブ情報がただでさえ取り込みづらい上に、そもそも社内でネガティブ情報が共有されていない可能性も高いので、投資をしている最中に突然ニュースで投資先のネガティブ情報がメディアにリークされ、株価が値崩れする可能性もあります。そのような会社の場合、「もっとネガティブなことを隠しているのではないか」「決算書の数字は本当に正しいのか」など、さらに不安な要素が増します。

　投資初心者は、このようにHPをよくチェックするなどの方法で自分に合う投資先の会社を見つけてみてください。

# 初心者は自分で「リアル」を確認できる投資先を選ぼう

「投資」に対してのイメージは、その人の年齢、年収、今の貯金額によってさまざまだと思います。「貯金はある程度あるけれど銀行の金利は全然つかないし、かといって特に今買いたいものもないし……」という人は、「現金で手元に置いておいても仕方がないからなるべく安全で１％でも利息的なものがつく投資はないかな」と思うでしょうし、仕事や家庭のストレス解消や息抜きとして趣味や宝くじ感覚で「大化けする株はないかな」と、お小遣いの範囲内で投資を考える人もいることでしょう。

**投資とのリアルな向き合い方**

|  | 趣味 | 運用 |
| --- | --- | --- |
| 目的 | 勉強・一攫千金 | 配当・安定収入 |
| 投資金額の上限の決め方 | 損をしてもため息をつかない額 | 損をしても冷や汗をかかない額 |

・あなたの「ため息金額」は？（　　　　円）
・あなたの「冷や汗金額」は？（　　　　円）

　同じ人であっても、年齢を重ねるごとにライフステージが変わっていきますから、投資に対する概念や求めるものも変わってくるはずです。まずは、それをセルフチェックしてみましょう。そうすることで、いくらまでなら手持ちのお金を投資できるかを自覚できるからです。

**投資初心者は、自分で「リアル」を確認できる会社を選んで投資する**

　投資初心者が、専門家が推奨する「見たことも聞いたこともない銘柄」を買ってもし損をしたら、何の勉強にもなりません。初心者にオススメするのは、自分が商品やサービスなどをリアルに体験できる会社の銘柄に投資をすることです。

　たとえば近所にチェーン展開をしている上場企業のスーパーがあれば、会社のホームページから決算短信などの開示情報を確認します。それらの数字と実際に自分が持つ印象などを比べます。その後、その店舗の印象や買い物のしやすさに変化があったら、それらを記憶に留めながら、数字の変化もチェックしていきます。

　棚出しした後の空の段ボールがいつまでも放置してあって通行の邪魔になっている、店員が以前より疲弊している、イライラしている、というような印象を持つことが増え、実際の決算数値も利益が減っているような状況であれば、「きっとコスト削減で店員の数が減り、皆忙しくて疲れたりイライラしているのかもしれない」と分析できるかもしれません。

　また、近所に競合のスーパーがあれば、それぞれを比較して、「以前はAスーパーのほうが品揃えや品質がよかったけど、最近はBスーパーのほうがいいものが増えたなあ」と思って、A、B両社の決算数値を比較すると、Bスーパーの業績が右肩上がりになっている、ということも見つけられるかもしれません。

　株価が必ず業績と連動するとは限りませんが、少なくとも自分が「リアル」を確認できるということは、投資をしてよいかどうかの判断がより正確にできることは確かです。

**4章**

**投資による利益**

139

# 「投資をしておいてよかった、助かった」がバランスのいい投資

「働かざる者食うべからず」という言葉がありますが、裏を返せば、「働けば、たいがいは食べていける」ということではないでしょうか。一番確実かつ早く稼げるのは「働く」ことだと私は思います。ただ、その「働く」ことが病気や介護、その他諸事情で急にできなくなることがあります。

　私は**投資の本質的な存在意義は、「自分の身に何かがあったとき」に「投資をしておいてよかった、助かった」と言えること**だと思います。

　よく芸能人が、若いころに稼いだお金の一部で不動産を買い、賃貸収入を得ているというのを聞きます。「芸能の仕事は不安定で、いつ収入が0になるかわからないから」「芸能の他にも生活費を確保できる収入源があれば、やりたくない仕事のオファーが来ても堂々と断ることができるから」と話していました。

　そのように考えれば、自分が投資とどう向き合うのか、何にいくら投資をするのかについても考え方が少しは変わってくるのではないでしょうか。

　あなたは、身を粉にして稼いだお金の一部を投資するとしたら、どこにしますか？

　自分に「何か」があったときに、助けになりそうな投資を考えてみましょう。

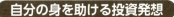

**自分の身を助ける投資発想**

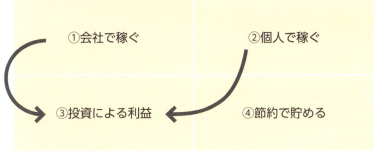

自分や家族などの病気、介護などで①②ができなくなったときに、③があれば助かる。
（例）①と②で稼いだお金の一部を③に投資し、安定収入を得て、④をしながら生活をする。

**自分への投資、自分以外への投資**

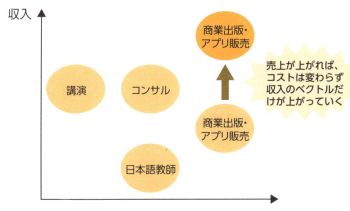

● 将来あなたに何かあったとき、助けてくれるのが投資。

# 投資は原則、お金持ちほど得をして、貧乏な人ほど損をする仕組み

　投資というのは、「夢」ではなく「現実」――それを知ることによって、自分なりの儲け方を見つけることができると思います。

　だから悲しい現実を先に言いますが、**投資は、お金持ちほどさらにお金持ちになり、貧乏な人はさらに丸裸にされるのが原則**です。まずこのお金の流れをイメージしたほうがいいと思います。その流れに従ったほうがお金は増えやすいですし、「そんな不条理なことがあってはおかしい」と流れに逆らえば逆らうほど、泥沼にはまる。それが投資だと私は思います。

「原資」、つまり手元のお金に余裕がある人ほど、確実な投資やオッズの低いものに賭け、元手が少ない人ほど一発逆転のリスクの高い投資やオッズの高いものに賭けてしまうからです。

　たとえば1億円を株式投資につぎ込める人は、投資した株価が10円上がっただけでもそれなりの利益になりますから、すぐ売ることができます。しかし10万円分しか株を買えない人は株価が10円上がったくらいでは売買手数料や差し引かれる税金を考えたらすぐ売ることはできないでしょう。

　そして健全な会社ほど取引量が多く、劇的な株価の変動は少ないです。だからお金を持っている人は、健全な会社に大金を投資すれば、株価が暴落する可能性も低いので安全ですし、少し株価が上がったらすぐ売ってしまえばそれなりの売却益が得られるので、どんどんお金が貯まっていくのです。

　一方、少額しか投資に使えない人は、より早く結果が出やす

い、つまり株価が乱高下しやすい危険な銘柄や、一発逆転を狙ってよりギャンブル性の高い投資に鞍替えしていきます。そして原資をさらに減らしていってしまうのです。

　1億円を投資に使える人は、少なくともその数倍の資産は持っています。少額しか投資できない人は、投資に参加するにはまず「働いて稼いで」ある程度貯金してから参加したほうが、余裕を持って確実に儲かる銘柄に投資できるはずですし、お金が貯まる確率も上がると思います。

　資金がまだ十分にないうちは、趣味や本格的に投資をするまでの練習や勉強と割り切ってお小遣いの範囲で投資を楽しみ、ある程度貯金してからその中の一部で本格的な運用を始めるのが、より安全な投資の仕方ではないでしょうか。

### 投資が持つ「2つの顔」

|  | 資金が豊富 | 資金が少額 |
| --- | --- | --- |
| 投資の仕方 | 1.1倍を狙う | 10倍を狙う |
| 狙い通りになる確率 | 高い | 低い |

**ポイント**

- 投資に1億円使える人が運用で100万円稼ぐのと、投資に10万円しか使えない人が運用で100万円を稼ぐのと、どちらが稼ぎやすいと思うか。

# 金融商品への投資のコツは「売る条件を自分で最初に設定し、必ずそれに従う」こと

　企業も、手持ちの資産の一部を有価証券などに投資することがあります。企業の場合は、付き合い上、取引先の株を購入するという側面もありますが、帳簿を見るとその会社とは何の関係もない、きっと価値が上がるだろうと見込んで購入した会社の株価がその後下がり、何年も塩漬け状態になっているということもよくあります。

　そうなってしまうと、流動性がなくなり、今日明日、自由に使えるお金の範囲が目減りしてしまいます。皆さんが預金100万円のうち80万円を株式投資したとします。もし友人から「海外旅行へ行こう」と誘われても、それが費用30万円だったら、資産はあるけれど手持ちのキャッシュは20万円しかありませんから、10万円足りません。株式を売却すればいいのですが、そのときに株価が購入したときより少しでも下がっていたら売りにくいでしょう。友人との付き合いを断るか、損をした状態で売却して友人に付き合うか。

　そうならないように、まず自分の預貯金のいくらまでなら、投資に充てられるかを見極めることが大事です。

　優秀な経営者は、投資のために株式を購入するときに、「株価が〇％上がったら、反対に〇％下がったら、いずれの場合でも売却する」というルールを決めて購入しています。そのように決めておかないと、「もうちょっと待てばさらに上がるかもしれない」「今売ると損だから売るのはもう少し待とう」と毎日気になってしまい、株価に経営が振り回されてしまうからです。

つまり投資をする場合は、「買うときに」売る条件もあわせて決めておくことです。そしてその条件を満たした段階で、得をしていても損をしていても売る。そうすることで、「負けない投資」が確立されていきます。

そう決めていても、「事情が変わった」と、もっと上がるかも、と欲をかいて売らなかったり、やっぱり悔しいから、と損切りできなかったりする人がいます。過去の自分が決めたことにすら素直に従えない人は、相当な頑固者だと私はみます。過去の自分を未来の自分が失望させないようにすれば、お金は確実に増えると思います。

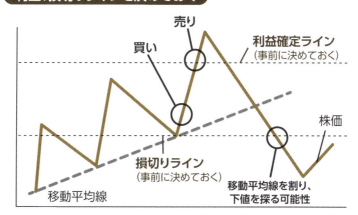

**ポイント**
- あなたは何％上がったら、売る？
- あなたは何％下がったら、売る？

# 「投資した金額が万が一、0円になっても授業料として割り切れる」金額が投資額の目安

　金融資産（株式など）への投資は常にリスクがつきものですが、初心者が大失敗しないコツはあります。それは、「買うときに、『もしそれが0円になったとしたら』を想像する」ことです。そこで、一つ冷静になれます。

　たとえば、ある成長企業の株を100万円分購入したい、と検討します。そのときに、その100万円が「その会社が万が一、倒産するなどして価値が0円になったら」と想像するルーチンを作ります。そのときに「まあ仮にそうなったら、それはそれで仕方がない」「買わないと儲かる可能性も0％だし」と思えるなら購入してもよいと思います。

　そう思える人は、株の購入を、「自分への投資」としても考えることができているからです。投資としては「100万円の損失」になっても、英会話やＭＢＡの授業料のように「100万円の授業料」ととらえれば、100万円分の資産が、「株式」から「自分自身への投資にスライドした」ということになります。

　100万円の価値が70万円になったら、「30万円分の株式セミナー」＋「70万円分の株式」＝100万円、ととらえるのです。それがもし130万円に価値が上がれば、株式の勉強ができた上に資産価値も上がって「超ラッキー」ではないでしょうか。

　反対に「とてもそんな損失を授業料だとは思えない」「とにかく1円も損をしたくない」という人は、投資そのものに不向きです。そのような人が株式を購入すると、「自分が損をしていないか」が常に気になって、仕事中でも逐一スマートフォン

で株価をチェックしてしまいます。そういった行動は周囲も気づきますから、「稼ぎ」の本業の部分の評価が下がり、給与や賞与などの報酬に悪影響が出てくることもあります。損をしたくない人は、投資よりも他の章で紹介した投資以外の貯め方に集中、特化したほうがお金は貯まります。

投資は「価値が０円になるかもしれない」という可能性を秘めたものです。それが「会社で稼ぐ」「個人で稼ぐ」「節約で貯める」という他の３原則にはない大きな違いです。「損をしたくない」人は、むしろそのマインドは「節約」に向いていますので、「稼ぐ」＋「節約」の組み合わせでお金を貯めましょう。

## あなたの投資額の目安は？

投資額
（購入時）

投資額
（現在価値）　　損失額　→損失は損失としか思えない人は、
　　　　　　　　　　　　　　　投資より節約が向いている

↓損失を自分の授業料と割り切れたら、再び資
　産（自己スキルへの投資）に変わる

自分への投資　　株式　　株式セミナー
　　　　　　　　70万円　　30万円

### ポイント

●「投資の損失額＝自分への投資額（授業料）」と割り切れる
　人は投資にチャレンジ！
●「１円でも損をしたくない」人は、そのマインドを「節約」
　に向けよう！

# お金に執着がない人は持ち家にすることで資産を守れる

　私の周りには社会貢献活動をしている知人が数多くいます。彼らは失礼ながらお金持ちとはいえません。なぜならそのような活動はビジネス化できないものが多く、自分の本業や副収入のほとんどをその活動につぎ込んでしまうからです。

　人間の品性は、「お金の使い方」に出ます。だから自分のためではなく、本当に困っている人達のために誰に公言するわけでもなくお金を使い続ける彼らを私は心底尊敬しています。

　ただ同時に、きちんと生活できているのだろうかとひやひやしながら見ています。そのような知人の一人に、親一人子一人のご家庭があり、あるとき、親御さんが亡くなられました。その際に遺産の運用についてライフプランの相談を受け、私は迷わず知人には家の購入をすすめ、私が探してきた物件を気に入ってくれ、購入しました。なぜかというと、その知人も、通帳に預金残高があると、社会貢献活動のために足りない分をどんどん引き出して使ってしまうような人だったからです。

　少なくとも「モノ」にしておけば、換金しようにも手続きに時間がかかるので、私のような周囲の人間が気づくことができると思いました。その分キャッシュの残高はかなり少なくなってしまいますが、どちらにしても通帳にお金があれば引き出してしまうような人なので、こうすることで少なくとも「住」は確保され、今も住む場所には心配なく社会貢献活動を続けています。

　たまに「住むところがなくなるから、持ち家を売って換金し

たらだめですよ」と言うのですが、「親の遺産だから売らないよ」と言われました。遺産が預金のときはそのようなことを気にする人ではなかったのに、家のような「目に見える形」になることで、「ここには手をつけてはいけない」という考え方になるのだなと思いました。

　今では、その知人は、収入があったら、知らず知らずのうちにお金を使ってしまわないように、必要最低限のお金以外は定期預金などに振り替えてすぐ引き出せないようにあえてしていると言っていました。

「持ち家と賃貸、どちらが得か」というときに、賃料にかかるキャッシュアウトだけに絞れば、賃貸のほうが得になるケースも多々あります。ただ、世の中には自分のお金だけが貯まればいい人がいる一方で、他人のために自分のお金を惜しげもなく使ってしまう人もいます。そういった人は、**「持ち家」に多少の保有リスクやキャッシュアウトの負担があったとしても、その人の資産をキャッシュから不動産などの「モノ」に変えておいたほうが資産を守れます**。

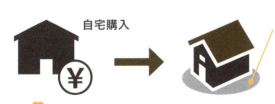

- 収入を右から左へどんどん使ってしまう人は、現金で持っているよりも、価値のある「モノ」の状態に変えておいたほうが、資産を失うリスクが下がる。

4章　投資による利益

# 一人暮らし「持ち家」のメリット

　一人暮らしで持ち家がある人が私の周りにも何人かいます。そのような人がいるのを私が初めて知ったのは、会社員時代に仕事で社員の年末調整の作業をしていたときでした。私がＦＰ技能士の資格をとったと聞きつけた同僚が、自分の提出資料を持って相談に来たのです。その同僚は、独身時代にマンションを購入。その後、結婚して引越しをし、自分達は賃貸で暮らしていました。独身時代の持ち家は貸し出して家賃収入を得ており、家族用の家を買うかどうかはまだ検討中とのことでした。「独身時代のマンションを売却して家族用のマイホームを買わないんですか？」と尋ねたら、「子供も生まれたばかりで、これからライフステージがどうなるかわからないから、家族全員の関係性がよく、長続きすると確信が持てたら、そのときはそうしようと思っています」と言っていました。

　その話を聞いて、それまで一人暮らしでマイホームを購入するという選択肢は、少し怖いイメージがありましたが、ライフステージが変わっても、用途はいろいろあると思いました。

　そして考えたくはないですが、もし、一緒に賃貸で暮らし始めてうまくいかないと思ったときには、いざとなれば自分の一人暮らし用の持ち家にまた戻ればいい、という選択肢もあります。

　一人暮らし用の物件ですから価格もファミリー向けのものに比べるとお手頃ですし、これから一人世帯もますます増えるで

しょうから、売却する際にも下図にあるように単独世帯の持ち家世帯数が増加傾向にあることから、売りやすいはずです。

ビジネスの世界では、今は不確実性の時代だといわれていますが、私が世の中で一番不確実だと思うのは「人間の気持ち」です。人間の不確実性のリスクを担保するために、自分用のシェルター（一人用のマイホーム）を持つという選択肢も一つとしてはあるのではないかと思います。

### 単独世帯（一人暮らし）の増加と持ち家増加について

単独世帯の持ち家世帯数が増加していますが、単独世帯自体が年々増加傾向にあります。下記グラフは国勢調査の世帯人数が一人の世帯数の推移と全世帯に対する割合の推移を表示したものです。平成27年度の一人世帯数は20年前の平成7年の1.6倍に増加、全体に占める割合も年々増加しています。

［一人世帯数と総世帯数に対する割合の推移］

※出典：「平成2年国勢調査結果」「平成7年国勢調査結果」「平成12年国勢調査結果」「平成17年国勢調査結果」「平成22年国勢調査結果」「平成27年国勢調査結果」（総務省統計局）

## コラム

## 会社の内側から見た、投資先として魅力的な会社

　会社員時代に、上場準備担当者として株式上場に携わった経験がありますが、上場というのは「上場してから」が、会社にとって本当の意味でのスタートだと私は思っています。

　多くのベンチャー企業は上場準備中や上場達成直後まではメディアの露出も多いのですが、その後は次第に露出が減り、気づいたら株価や取引量もほとんど動きがなくなり、投資家目線では魅力のない会社になっていきがちです。そうならない手段の一つとして、会社側も魅力的な株主優待を考えて提供するなどしています。私が勤めていた会社では、所属している著名人が参加する株主限定のイベントの開催や、経営している飲食店の優待サービスなどを行っていました。

　ただ、一番効果的なのは、上場後も会社が一休みすることなく、新規事業、新規サービスをどんどん展開していくことだと思います。そうすることでメディアにも定期的に露出し、「あの会社はいつも何か新しいことをやっているな」と、投資家の方々からも認識され、「ちょっと投資してみようかな」という気になってもらえると思います。

　ただし、やみくもなM＆A（合併買収）よりは自社内の社員だけで新規事業、新規サービスを次々打ち出せる会社のほうが投資先としては魅力的です。労力や資金のかかる新規事業を展開できる人材が、社内で育成できているという証拠になるからです。

# 5章

# 節約で貯める

ひらめいた節約の
パターン数だけお金が貯まる

# 「自分のこだわりがないもの」なら、ラクに節約できる

　本章では、節約について説明いたします。
　なぜ節約が「つらい」「しんどい」「面倒くさい」のでしょうか。それは、「生活の全ての費用を総体的に節約しようとしているから」です。たとえばお寿司が好きで、肉にはそんなにこだわりがない、という人だったら、国産牛のシャトーブリアンでなくても、「スーパーの特売品の鶏肉でもいい？」と聞かれても「別にいいよ」となるはずです。
　そこで、私が推奨する節約は、「自分のこだわりがないもの」から節約しましょう、というメソッドです。これでしたら誰でも、簡単に長続きする節約ができるはずです。
　今まで多くの人は、自分の趣味嗜好のこだわりを考えずに手あたり次第に節約をしていたので、たとえば好きな寿司ネタを前に「大トロやイクラ食べちゃいけないのかあ……」と、節約のために気分が沈んでしまっていたのです。好きなもの、こだわりのあるものはそのままに、特にこだわりがないものから節約をしてみませんか。
　そのためには、お金を使う身の回りのもので、自分にとってこだわりがあるものとないものの「仕分け」を、まずする必要があります。

## 節約のための分類方法

|  | こだわりが<br>あるもの | こだわりが<br>ないもの |
|---|---|---|
| 普段の支出 | こだわっている | なんとなく<br>支出している |
| 「節約しなければ<br>いけない」と言われたら | モチベーションが<br>下がる | **お得な方法が<br>あれば構わない** |

↑
無理なく節約できるターゲットポイント

## 自分でも分類してみよう

|  | こだわりが<br>あるもの | こだわりが<br>ないもの |
|---|---|---|
| 普段の支出 |  |  |
| 「節約しなければ<br>いけない」と言われたら |  |  |

**ポイント**
- こだわりがないものは簡単に節約できる。
- あなたのこだわりがあるものとないものを、まず仕分けしよう。

第5章 節約で貯める

# 「値段が高いもの＝いいもの」とは限らない

　無条件に「値段が高いもの＝いいもの」と思っている人がいますが、今、日本の店頭で売っているようなものは、だいたい「いいもの」です。

　ブランド品が高いのは、店舗も郊外ではなく家賃の高い一等地にあり、莫大な広告宣伝費をかけてブランディングをしているので、品物の原価に、さらにこれらの費用を加味しても経営していける売価にしないといけないからです。

　私も好きなブランドはあるので、それに関しては高いと思いつつも好きだから買いますが、そうではなく「とりあえず高いものを買っておけば安心」「インスタ映えしたいから、とりあえず高いものを買っておけば恥ずかしくない」という「とりあえず買い」なら、今はブランド品のレンタルサービスもあるので、そちらでレンタルしたほうが余計なお金を使わずに済むと思います。

　「いいものが欲しい」という場合は、高いものでなくても、その人に似合う最上のものはたくさんあります。一等地でない店舗や、家賃のかからないオンライン通販なら、それらの会社の経営に関する必要経費が価格に転嫁されていない分、品質は変わらず売価はお手頃になります。お手頃で品質のいいものも世の中にはたくさんあるのです。

### 価格には希少性・生産性・人件費などが影響する

**希少性**：天然由来のもので人工的に増産できないもの、機械化できないハンドメイドの商品などは需要があれば価格は下がらない

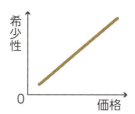

**生産性**：短期間での大量生産、安定供給ができると価格は下がるが、それができないものは価格が高く維持される

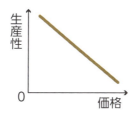

**人件費**：匠(たくみ)の技など、作業工程が属人的なもの、一部の人間にしかできない技術を要するものなどは人件費がかかり価格に反映される

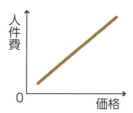

〈その他〉
賃料、広告宣伝費、輸送コスト、関税なども価格に影響を与える

**ポイント**

● 「値段が高いものほどいいもの」というバイアス（偏見）を外そう。

# 制度を活用した節約

　自分でひらめいてする節約の他に、制度上節約できるものもあります。それぞれのライフプランに合わせて活用しましょう。

◎**個人型確定拠出年金**

　個人型確定拠出年金「iDeCo（イデコ）」とは、自分で作る年金制度です。

　加入者が毎月金額を拠出し、用意された定期預金・保険・投資信託などの金融商品で自ら運用をして、60歳以降に年金または一時金で受け取ります。ちなみに60歳になるまでは原則引き出すことはできません。

　また、現在、iDeCoに加入できるのは60歳未満の公的年金の被保険者ですが、2022年5月から65歳未満に拡大されます。60歳以上のiDeCoについては、国民年金の第2号被保険者又は国民年金の任意加入被保険者であれば加入可能となります。

　そして、2022年4月から、公的年金の受給開始時期の選択肢の拡大に合わせて、受給開始の上限年齢が70歳から75歳に引き上げられます。

### 個人型確定拠出年金（iDeCo）

| 職業 | 上限金額 |
| --- | --- |
| 会社員（企業年金制度の有無等によって幅あり） | 月額1.2万〜2.3万 |
| 公務員 | 月額1.2万 |
| 専業主婦（夫） | 月額2.3万 |
| 自営業 | 月額6.8万 |

〈参考資料〉
https://www.dcnenkin.jp/about/

〈iDeCoの節税メリット〉
・積立金額が全て所得控除の対象になり、所得税や住民税を節税することができます。
・運用で得た定期預金の利息や投資信託の運用益が非課税になります。
・受け取る際に「公的年金等控除」「退職所得控除」の対象になります。

◎**給与所得控除**

給与所得の金額は、給与等の収入金額から給与所得控除額を差し引いて算出しますが、この給与所得控除額は、給与等の収入金額に応じて、次のようになります。

**2020年分以降**

| 給与等の収入金額<br>(給与所得の源泉徴収票の支払金額) || 給与所得控除額 |
|---|---|---|
|  | 1,625,000円まで | 550,000円 |
| 1,625,001円から | 1,800,000円まで | 収入金額×40%<br>－100,000円 |
| 1,800,001円から | 3,600,000円まで | 収入金額×30%<br>＋80,000円 |
| 3,600,001円から | 6,600,000円まで | 収入金額×20%<br>＋440,000円 |
| 6,600,001円から | 8,500,000円まで | 収入金額×10%<br>＋1,100,000円 |
| 8,500,001円以上 || 1,950,000円（上限） |

〈参考ＵＲＬ：国税庁ＨＰより〉
https://www.nta.go.jp/taxes/shiraberu/taxanswer/shotoku/1410.htm

## ◎特定支出控除

　給与所得者が下の表の１〜７の特定支出をした場合、その年の特定支出の合計額が、区分に応じそれぞれ「特定支出控除額の適用判定の基準となる金額」を超えるときは、確定申告によりその超える部分の金額を給与所得控除後の所得金額から差し引くことができる制度があります。

### 2016年分から

| その年中の給与等の収入金額 | 特定支出控除額の適用判定の基準となる金額 |
| --- | --- |
| 一律 | その年中の給与所得控除額× 1/2 |

特定支出とは、給与所得者が支出する次に掲げる支出のうち一定のものです。
1　通勤費　　2　職務上の旅費　3　転居費
4　研修費　　5　資格取得費　　6　帰宅旅費
7　次に掲げる支出（上限65万円まで）で、その支出がその者の職務の遂行に直接必要なものとして給与等の支払者より証明されたもの（勤務必要経費）
　　(1)　図書費　　(2)　衣服費　　(3)　交際費等

〈参考ＵＲＬ：国税庁ＨＰより〉
https://www.nta.go.jp/taxes/shiraberu/taxanswer/shotoku/1415.htm

## ◎社会保険料控除

　納税者が自己または自己と生計を一にする配偶者やその他の親族の負担すべき社会保険料（健康保険、厚生年金保険、国民健康保険など）を支払った場合には、その支払った金額について所得控除を受けることができます。これを社会保険料控除といいます。控除できる金額は、その年に実際に支払った金額または給与や公的年金から差し引かれた金額の全額です。

## ◎ふるさと納税

　前述しましたが、ふるさと納税は自分の選んだ自治体に対して納税（寄附）を行った場合に、寄附額のうち2000円を超える

部分について、一定の上限まで所得税及び住民税からそれぞれ控除が受けられる制度です。

### ◎住宅借入金等特別控除

　住宅借入金等特別控除とは、個人が住宅ローン等を利用して、マイホームの新築、取得又は増改築等（以下「取得等」といいます）をし、2022年12月31日までに自己の居住の用に供した（実際に住む）場合で一定の要件を満たすときにおいて、その取得等に係る住宅ローン等の年末残高の合計額等を基として計算した金額を、居住の用に供した年分以後の各年分の所得税額から控除するものです。

**控除期間と控除額の計算方法**

| 居住の用に供した年 | 控除期間 | 各年の控除額の計算（控除限度額） |
|---|---|---|
| 2021年1月1日から2021年12月31日まで | 10年 | 年末残高等×1%（40万円） |
| 2021年1月1日から2022年12月31日まで | 13年 | ［住宅の取得等が特別特例取得又は特例特別特例取得に該当する場合］<br>【1〜10年目】<br>年末残高等×1%（40万円）<br>【11〜13年目】<br>次のいずれか少ない額が控除限度額<br>①年末残高等<br>　〔上限 4,000万円〕×1%<br>②（住宅取得等対価の額－消費税額）<br>　〔上限 4,000万円〕×2%÷3<br>注：この場合の「住宅取得等対価の額」は、補助金及び住宅取得等資金の贈与の額を控除しないで計算した金額をいいます。 |

※この表は、2021年分以後の確定申告において適用が受けられるものの一部を掲載しています。
〈参考ＵＲＬ：国税庁ＨＰより〉
https://www.nta.go.jp/taxes/shiraberu/taxanswer/shotoku/1212.htm

# ケチと節約の違い、無理をせず長続きする工夫を

　私がよくお伝えしていることの一つに「節約はいいけど、ケチはダメ」があります。たとえば会社で、古くなった備品を買い替えたいと申請して、たいした金額でもないのにネチネチ言われたら、私だったらその会社で働く気をなくして別の気前のいい会社でのびのび働きたくなります。ぜいたく品ならわかりますが、必需品にさえお金を出し渋るのは、「The・ケチ」です。ケチは、確かにお金は出ていかないのですが、その代わりに社員の「頑張ろう」という気持ちを萎縮させてしまい、結局「稼ぐ」意欲を侵食してしまいます。結果、ケチった金額より稼ぎの減少額が上回ってしまい、収支がマイナスになってしまうのです。そのような会社をよく見てきました。

　家計も同じで、真夏や真冬に「もったいないから」といってエアコンをつけさせてくれないなど、朝から晩まで行動を一つひとつチェックされて「ああもったいない」「また無駄遣いして」と、365日口やかましくネガティブな言葉を言われたら、そもそも一緒にいること自体が苦痛になってしまいます。

　その一方で、車を買いたい、マイホームを持ちたい、など高額な目標があるような場合、家族の中で一番節約意識の高い人は、自分はすごく節約しているのに、そうでない人を見ると「何百万、何千万円を貯めなければいけないのに、どうしてこの人はこんなに毎日無駄遣いばかりするのだろう」と、視界に入るだけでイライラしてしまうのもわかります。

　ただし、マイホームの頭金を作るために節約をして、その節

約のために大喧嘩になり家庭不和になってしまった、というのでは本末転倒です。

　お金を貯めるには「継続性」も重要ですから、「無理せず長続き」するようにある程度「基準値」を作っておくとよいと思います。

　たとえばエアコンだったら、「気温が〇度以上の日は、熱中症対策のためにもケチらずにきちんとつける」とか、人間らしい生活ができないような節制はしないで、「全員が守れそうな節約のライン」を作っておくとよいと思います。

　会社も、売上をあげるためには最低限の出費が必要で、０円の出費では仕事はもらえません。度を越した出費の制限は、収入の減少をもたらしかねません。何事も「バランス」が大切です。

### ケチとよい節約の特徴

|  | ケチ | よい節約 |
| --- | --- | --- |
| 生活レベル | 下がる | 極力下げない |
| 家族のモチベーション | 萎縮 | 前向き |

ポイント
- 「ケチ」は家族を萎縮させ、「節約」は家族を前向きにさせる。

# 節約や得したことの計算パターンを何種類考えられるかで「貯まる」金額も増える

　節約というのは、平たくいえば「自分が気づく範囲で、お金を節約できるな、得したな、と思える瞬間を日常生活の中で見つけていく」ということだと思います。無理をしても長続きはしないので、やれる範囲で長く続ける習慣を持つことのほうが大事です。

「節約してるよ！」という人の話を聞いて、「それって節約になってないよ」「矛盾してない？」ということは、私の周りにも実際たくさんあります。読者の中にも、「この項目とこの項目は突き詰めると矛盾になりませんか」と疑問に思う箇所もあるかもしれません。でもそれでもいいのです。何もしないより、とにかく1回でも多く節約をしたほうが、お金は必ず貯まるからです。

　お金の扱いで一番怖いのは、「開き直り」です。企業でも、開き直ってあらゆるところからお金を借りまくり、散財し始めたら、あっという間に潰れます。

　もともと節約が苦手な人の中には、他人から「節約したの？」とガミガミ言われるのが苦手な人もいます。たとえば1500円の品物を買ってやっぱり気に入らないからと、すぐフリマアプリに出品して800円で売れたとします。本人は800円得した、と思っていますが、それを「1500円で買って、すぐ飽きてフリマアプリで800円で売ったなら、結局それ700円の無駄じゃん。ダメじゃん」と責めてしまうと、正論であっても、言われたほうは「うるさい！　せっかく自分なりに節約を考えている

のに。ああ、やめたやめた、馬鹿馬鹿しい！」となってしまうのです。そうなると浪費に拍車がかかり、手がつけられなくなってしまいます。

　そのようなときは「800円分損しないでよかったね。でも次は買う前に、すぐ飽きないかな、と少し考えてみるとか、レンタルできるものもたくさんあるからレンタルサイトとかを先に探してみたら」と言ってあげたほうが、継続して節約しよう、出費を抑えようかなという気持ちになります。

　皆さんの中にも片手にお菓子を持ちながら「痩せる方法」という記事をスマートフォンで見ている人がいるかもしれません。「ダメじゃん、それ」と笑われたら、腹が立つことでしょう。世の中は矛盾だらけです。会社も組織も家族もお金も。そうした矛盾だらけの一つひとつの要素を清濁併せ呑んで、「トータルでOK」と、一つの目的達成にもっていくのが「マネジメント」です。

　お金に人生を振り回されるのではなく「自分がお金をマネジメントするのだ」という意識を強く持ってください。

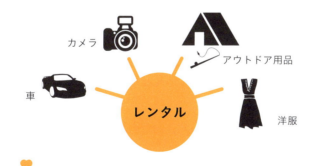

ポイント

●ひらめいた節約パターンの数だけ、お金は貯まる。

# 「予算」という概念を入れると、節約のバリエーションが一気に増え、「見える化」「見せる化」できる

　予算という概念を会社だけでなく、日頃の生活の中に取り入れると、節約の見える化がしやすくなります。

　たとえば、ランチに行って「特上1300円・上1000円・並800円」というメニューがあったとします。そのときに「特上いいな……まあでも今日は上でいいか」と上を注文したとします。私の場合、これを「特上にしようかと思ったけど、上にして300円節約した」と「見える化」します。「そんなの節約？」と思う人もいるかもしれませんが、立派な節約です。「特上いいな」と最初に思ったということは、この金額を払ってもいい「予算」はあるということです。けれど「妥協して」「上」にしました。「予算1300円に対して、実額1000円で済ませた」ということです。この「妥協の範囲」を大きくできればできるほど、節約の幅が広がっていくということです。

　このような発想であれば、節約も簡単にできるのではないでしょうか。妥協できないところを妥協しようとするから節約が苦痛になるのであって、妥協できるところの出費を抑えれば簡単に節約はできます。

　たとえば「洋服命」の人で、「食べることにはあまり興味がない。食べたら太って洋服が似合わなくなるし」という人がいるとします。そのような人に「洋服ばかり買って……」「洋服は毎月○○円以上買ったらダメ」と指摘するよりも、食費はその分1食500円以内に抑えている、自炊して節約している、ということが見える化できていれば、「食費で節約した分を洋服

代に回しているんだ。偉いね」と、「見える化」「見せる化」できます。この人は、洋服は譲れないのですから、他のものに関しては、他人が1食800円くらいランチにかけるところをワンコインにして、「(800円－500円)×ランチ日数」を節約できているから、その範囲を超えない分を、洋服代に充ててもおつりがくる、と「見える化」することができるのです。

　人間一人ひとり、たとえ家族や親友、パートナー同士であっても、嗜好は別々です。だから自分の価値観を他人に押し付けないこと。「節約はこうあるべき」「お金はこう使うべき」という「べき論」ではなく、「こういう節約の仕方もありだね」という「あり論」のほうが楽しく節約できるのではないかと思います。

5章　節約で貯める

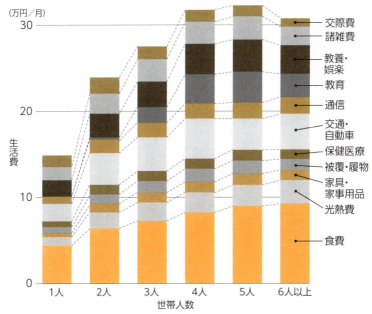

世帯人数による生活費の違い

統計局 家計調査(2019年・世帯主の年齢43〜48歳)より

167

# 節約、得したことをレコーディング(記録)すれば、習慣化して自然に貯まる!

　私は、節約の習慣化を定着化させるために「節約ウオッチ」(iOS版)というスマホ用アプリを開発しました。これは、「いつ」「何を」「いくら」節約したか、得をしたかを、ひたすら入力して記録していくアプリです。機能としては目標金額を設定し、今まで何回、トータルで何円節約したか、得をしたかが一目でわかる設計にしています。

　なぜそのようなアプリを開発したかというと、節約には習慣を定着させることが大切で、それには手を動かして記録をすることが非常に有効だからです。もちろん手書きのノートや日記帳に記入したり、パソコンの Excel などのソフトに入力しても構いません。

### 節約ウオッチ(iOS版)

スマホのアプリを使って記録してみよう!

## 5章 節約で貯める

　誰もが仕事や子育て、介護などで忙しいはずです。全ての領収書を入力、チェックしなくても、「節約したこと」「得をしたこと」を記録していけば、合計でどれだけお金が貯まったかがすぐわかりますし、その金銭感覚が日に日に身についてきます。ぜひ楽しく試してみてください。

### ポジティブワードは自分に自信もつき、お金も貯まる！

自分の好きなツールで、節約したこと、得したことを記録しましょう‼

紙　　＊ノート、手帳、日記帳など

| | | |
|---|---|---|
| ○月○日 | 今日はマイボトルを持参してコーヒー代を節約した！ | 400円 |
| ○月○日 | 閉店間際のスーパーで総菜が半額で買えた！ | 300円 |
| ○月○日 | 体重が気になりだしたので、ランチの大盛を並盛に控えた！ | 150円 |
| ○月○日 | ハッピーアワーの時間に間に合ってお得にビールが飲めた！ | 300円 |
| ○月○日 | フリマアプリに出品していた洋服が売れた！ | 2000円 |
| ○月○日 | 誕生月の特典で10％割引にしてもらえた！ | 200円 |
| ○月○日 | 美容院のカットモデルをしたら、思いのほかよい仕上がりにしてもらえた！ | 4000円 |
| ○月○日 | 今日は映画の割引デーで得した上に、気分もリフレッシュできた！ | 800円 |
| ○月○日 | 雨の日特典で、料理が一皿サービスしてもらえた！ | 500円 |
| ○月○日 | 今日は自席でゆっくりしたいので、いつもの外食はやめてコンビニランチで節約した | 200円 |

パソコン　　＊Excel など

| | | |
|---|---|---|
| ○月○日 | 在宅勤務の空き時間を利用して、お店で買わずにハンドメイドでアクセサリーを作った！ | 2000円 |
| ○月○日 | 探していたものが、フリマアプリで売っていてしかも安かった。ラッキー！ | 650円 |
| ○月○日 | 少し使ったアメニティセットをフリマアプリに載せたら売れた！超ラッキー！ | 800円 |
| ○月○日 | 部長がうちのチームの皆にランチをご馳走してくれた。ラッキー！ | 1500円 |
| ○月○日 | 誕生日のお祝いにお花をいただて部屋に飾った。気分が癒されて嬉しかった | 3000円 |

ポイント

● 「節約したこと」「得をしたこと」を記録することで節約の習慣が定着し、お金が貯まる！

# アプリ「節約ウオッチ」は、こんなときに使ってみよう！

### ● 水（銘柄にこだわるか）

　日本では、どの地域でも家庭の水道水をそのまま飲んでも問題はないでしょう。ただし、中には美容や健康、体質などで、この銘柄の水でないといけない、という人もいると思います。そうした人の中にも「料理にも全て取り寄せたミネラルウォーターを使わなければだめ」という人もいれば、「そのまま飲むのはミネラルウォーターだけど、料理などは水道水を沸騰させて使えばいい」という人もいるでしょう。こだわりがない部分が増えれば、それだけ出費を抑えることができます。

### ● お米、パン（ブランドなどにこだわるか）

　私が日本語を教えているフランス人の友人は、ハード系のパンが好きで、「日本のパンももちろん美味しいけど、私には少し柔らかいかな」と言っていました。そのため、少し高くてもフランスで修業した日本人が経営しているハード系のパンが充実しているパン屋で買うことが多いとも言っていました。今は日本でも高級食パンがブームで私も買ったことがありますが、正直なところ、私はそこまで食通ではないので小麦の香りの差まではわかりません。

　私はその友人に手土産を持っていくときは、こだわりのパン屋でハード系のパンを買いますが、自分では普通のパン屋かスーパーでパンを買います。

　一方で、お米はそれほど高価ではありませんが自分の好きな

ブランド米があり、特価で別の銘柄が売っていても、それを買わずに自分が買いたい銘柄を買います。反対にフランス人の友人は、日本のお米はどの銘柄でもとても美味しいと言っていました。

皆さんも、自分のお気に入りのパン屋やお米のブランドがあれば妥協してまで節約する必要はありませんが、特に産地や原料にこだわりがなく、何でもいいということでしたら、リーズナブルなものを選ぶことで節約につながります。

● 肉（国産、牛肉にこだわるか）

肉といっても、牛肉、豚肉、鶏肉など種類はさまざまで、値段もバラバラです。また、国産か外国産かでも値段が大きく変わります。

「肉は国産に限る」「肉といえば牛肉でしょう」というこだわりがある人もいれば、「今日は肉の気分だからとりあえず肉が食べられれば何でもいい」という人もいるでしょう。「ステーキが食べたい」といえば、普通は牛ステーキを思い浮かべるでしょうが、国産の牛肉であれば、スーパーで買ってもそれなりに高いです。でも「トンテキ」や「チキンステーキ」も美味しさでは牛ステーキにひけを取りません。

国産牛のステーキと外国産のチキンステーキでは、かなり値段も変わります。

私の場合は、肉には割とこだわりたいので、近所の業務用肉の卸売り会社の特売朝市でリーズナブルにまとめ買いをして、冷凍庫に入れておき、都度解凍して調理しています。

● 魚（天然、生、ブランドにこだわるか）

魚料理といっても、刺身などの生魚から、焼き物、煮物、加

工品まで千差万別です。刺身とそれ以外であれば刺身のほうが高いものが多いですし、天然本マグロなど、天然もの、ブランドものであれば養殖ものより高くなります。

　私もだんだん年齢を重ねてくると、肉も好きですが、さっぱりとした刺身なども好きになりました。このように、年齢を重ねることで嗜好も変わっていきますので、定期的にチェックを繰り返してみると自分の変化を感じることができますし、「今の自分は何にお金をかけ、何にはそこまでお金をかけなくてもいいか」ということがわかると思います。

　私は魚料理の中では刺身が一番好きですが、養殖もので十分ですし、解凍ものでも十分です。「せっかく食べるのだから、天然ものの刺身を食べたい！」というこだわりのある人はそれでいいですが、そこまでではない人であれば、セールのときに「さく」を買って冷凍室にストックしておいて食べたいときに解凍してもいいと思います。

### ● 野菜（国産、オーガニックにこだわるか）

　野菜も外国産と国産、そしてオーガニックかどうかなど、選択肢がいろいろあります。オーガニックかオーガニックでないかで倍くらい値段が違うこともあります。健康志向で、オーガニック主義の人はそれでいいですが、そこまでこだわりはない人でしたら、旬の野菜や、セール品の野菜などをスーパーで購入すればいいと思います。

　また、サラダなど、素材そのものの味や食感や風味などを楽しむ場合には、オーガニックや○○さんが育てました、というこだわりの野菜を選び、煮込み料理や炒め料理などは、普通の値段のものにする、という方法もあるかもしれません。

　天候不順で野菜が高いときもありますが、肉や魚に比べたら

それでも割安です。「肉料理か魚料理にしようかと思ったけど、今日は野菜料理にして節約しようかな」という節約方法も、もちろんOKです。

### ● 飲み物（お茶、コーヒー、ジュースなど、外で買うか家から持参するか）

ここ数年、多くの人がマイボトルを持つようになりましたが、私もフリーランスとして独立したときに節約も兼ねてマイボトルを買い、それにはコーヒーを入れ、もう一つ空のペットボトルには水を補充してそれぞれ家から持参しています。特にオフィスビルは乾燥していることが多いので、座っているだけで水分が欲しくなります。

ときには、ジュースが飲みたいと思い、マイボトルを持参していても我慢せずに自販機で買ってしまうこともありますが、少なくとも自分でマイボトルと水のペットボトルを持参しておけば、自販機で買う頻度はその分抑えられます。

ちなみに私はマイボトルが２本あり、普段は保温性の高い日本製のスタンダードなボトル、気分を上げたいときは海外旅行で一目ぼれして買ったデザイン性の高いボトルを持って家を出ます。

また、「あの店のコーヒーをテイクアウトで買って出社しないと１日が始まらない」というくらいコーヒーが好きな人は、コーヒー以外のところで節約をすればいいと思います。自分が理想とするルーチンは仕事の集中力を増す効果があるので、成績アップ、給料アップなど、お金につながる「エネルギー源」となっているのなら、無理をして節約する必要はないと思います。

● **日用品、消耗品（こだわりのものを買うか、100円ショップで買うか）**

　今は日用品や消耗品などは、100円ショップに行けばかなりあるどころか、いろいろなお店を回って見つからなかった探し物が、100円ショップに理想的なものがあった、ということすらあります。私はティッシュペーパーや柔軟剤など、肌に触れるようなものに関しては、自分の気に入ったメーカーの商品があるので、特価品や100円ショップに他のそれらがあっても買わないのですが、それ以外のものに関しては特にこだわりがないので、品質もよさそうだと思ったら100円ショップでも買います。

　いつもなんとなく習慣で同じメーカーのものを買ってしまっているものの中で、「よく考えたら別にこのメーカーでなくてもいいかも」というものがあれば、他のリーズナブルな商品を「お試し」で買ってみるのもいいかもしれません。試してみてよくなければ定番のものに戻せばいいですし、リーズナブルで、自分に合っているものが見つかれば、節約もできて、一石二鳥です。

● **衣料品（こだわりのブランドがあるのか、着られればいいのか）**

　私は以前、典型的な「安物買いの銭失い」でした。自分一人でバーゲンに行くと、ブランド品が4割引きでこれは得だ、と思ってつい買ってしまい、家に帰って冷静になってみると「あれ……？」となり、結局ほとんど着ることのないまま何年も経ってしまった、ということがよくありました。ここしばらくは、服が好きな人と一緒のときにしか服は買わないようにしています。

　皆さんの中でも、もともと服が好きな人は、趣味やストレス

解消としてショッピングを楽しめばいいですが、そこまで服にこだわりがない人であれば、服が好きな人に予算を伝えて一緒に選んでもらったほうが、結果的に長い間着続けられるのでお得です。

　私はいつも付き合ってくれる人にはご飯代を出したり一品欲しいものがあったら一緒に会計をするなど御礼をしていますが、スタイリスト代を考えたらそれでも私のほうが随分得をしていると思います。

### ● 住まい（家での時間にこだわりたいのか、帰宅して寝られればいいのか）

　お金に関する本や記事、動画配信などで、「賃貸がいいのか、持ち家がいいのか」は、よく論争になりますが、それ自体が「日本人的な発想」なのだろうと思います。外国人の友人と話していたときに、友人の国では違いを「違い」としてしか認識しないけれど、日本人は単なる「違い」も、そこにすぐに「正誤」や「優劣」を上乗せしてつけたがる特徴があるよね、と言われて、確かにそうだなと気づかされました。賃貸であろうが、持ち家であろうが、一人ひとり事情が違うのですから、どちらを選んだとしても、正解も不正解もありません。

　ただ、賃貸にしろ、持ち家にしろ、「価格帯」というのは共に幅広くあります。アウトドア派で休日はキャンプなど外出してしまうことが多いから家は帰って寝られればいい、くらいの人であれば、そこまで住居費にお金をかける必要はないでしょうし、反対にインドア派の人であれば休日に多くの時間を過ごす住居に関する費用は節約しすぎず、自分がリラックスできる部屋を選び、雑貨やオーディオなどもこだわったものを揃えたほうが、仕事の活力になると思います。

## ● 移動手段（移動時間を楽しみたいのか、移動できればそれでいいのか）

　車やバイクが好きな人になぜ好きなのかを聞くと、機械そのものが好きという人もいれば、乗っている時間が楽しいという人もいます。それがリフレッシュになり、また仕事を頑張れるという人もいます。

　新幹線や飛行機などもクラス分けされていますが、電車かタクシーか自転車か、など「移動手段」「乗り物」は、人によってかなり価値観が分かれると思います。そしてその価値観によって使う金額にかなり差が出ます。

「移動手段は移動手段でしかない」と考える人は、この部分はかなり節約できるのではないかと思います。一方、移動手段を「一つの楽しみ」と考えている人にとっては大切な部分です。

　移動手段にこだわりのない人は、「こんなに車にお金をつぎ込んで……」「これくらいの距離でもタクシーなんて……」「普通席やエコノミーにすれば、現地でワンランク上のレストランで食べられるのに……」と思うでしょう。反対に移動手段にこだわりがある人は、「せっかく年に一度の旅行なんだからグリーン車で特別感を味わいたいのに……」「こんな長距離をタクシー代ケチって歩こうだなんて……」と思うかもしれません。

　人間関係がぎくしゃくしないように、お互いの価値観を確認しておきたい支出の一つです。

## ● ランチ代の予算を決めて、下回った分を記録する（予算－実額）

　自分の毎日のランチ代の予算を決めて、それを「下回ったときだけ」記録します。たとえば、毎日のランチ代を800円と決めた場合に、450円のお弁当で済ませたら350円節約できた、と

いうように記録していきます。なぜ1カ月単位などではなく、1日、1回単位で区切ったほうがいいかというと、一つは、節約した「回数」を認識できるということ、もう一つは、「たまたま」「偶然」ではなく、予算を頭に入れて、計画的、意識的に節約を達成できた、ということを見える化するためです。

せっかくコツコツ節約しても、同僚から「今日は奮発して2000円のランチ食べようよ」と誘われて断れなかった場合、個別に記録をつけていないと、コツコツ100円、150円節約したことも、「コツコツやっても1回のランチで800円－2000円＝－1200円。マイナスになるんだったら、馬鹿馬鹿しいからやめようかな」となってしまいます。金額も大切ですが、回数はもっと大切です。節約の習慣は節約の回数で定着化するからです。そのような視点からも、節約した「事実」をしっかり記録しておくことがお金を貯めるには大切なことです。

### ●コーヒーのＭサイズをＳサイズに（予算－実額）

私は、もし実際の量や大きさがイメージしていたより少なかったらいやだなと思って一か八かで大盛りを頼んでみたり、100円でこんなに量に差があるのなら、ＳサイズでもいいけどＭサイズにしよう、と頼んで結局残してしまったり、ということがよくあります。

そのようなことを防ぐために、腹八分目ではないですが、普段よりワンサイズ小さめ、少なめにチャレンジした分を記録をしてみるのもいいと思います。

いつも習慣として頼んでしまう多めのサイズを「予算」にして、少なめのサイズを頼み、コーヒーのＭサイズ400円をＳサイズ300円にして100円節約できた、などとカウントしてみましょう。もしイメージより少量であっても、「やっぱり大きいサ

イズにすればよかった」とはならずに、「まあ節約できたから
いいか」と思えるようになります。

### ● マイボトルで持参して得した分を記録する（既製品価格－ 手作り実費）

　自宅でコーヒーを作ってマイボトルに詰めて外出、出社など
をすることで、飲み物代を節約している人も多いと思います。
いつも缶コーヒーを２本買う人なら、200円－20円（手作り実
費）＝180円の節約、ということもできるでしょうし、それま
でコーヒーチェーン店で480円のものを買っていたら、480円－
20円＝460円の節約、と記録しましょう。

　そのように考えれば、自宅で作るために購入するコーヒーの
原料も、少し高価なものを買っても、十分お金は手元に残るは
ずです。美味しくないもので我慢するのではなく、「美味しい
上に節約できる」範囲を目指しましょう。そして週に１日は
480円のコーヒーを「今日は節約のチートデー（我慢しない
日）」として、自分へのご褒美や息抜きに飲んでもいいと思い
ます。週５日のうち、４日も節約できたなら大成功です。

### ● ハンドメイドでアクセサリーを作った（市場価値－原材料）

　コロナ禍をどのように過ごすか考える中で、手料理を始めた
り、ＤＩＹなどを始めたりした人も多いと思います。既製品で
はなく、自分で棚や小物などを作ることでも節約につながりま
す。

　さらに、ひとひねりして「ひょっとしたら売れるもの」を作
ってみるのはいかがでしょうか。たとえばアクセサリーなど、
同僚や友達からの評判がよいものは、ネットショップなどで販
売してみてもいいかもしれません。これまで既製品を買ってい

178

たのが、逆に売れて収入になるということも今の時代は十分にあります。そうなったら一石二鳥です。

## ● スーパーの値引きやセール品で買えた分を記録する（小売希望価格－値引き後金額）

スーパーの値引きやデパートのセール品などで割引きになった分を記録します。また、ネットショッピングでの割引き購入や、会員向けセールなど、お得に買った分を記録してみましょう。

他にも、恒常的にスーパーで特価として売っているものなども、実際のメーカー小売希望価格はいくらなのかを調べて、差引した金額を記載するのもいいと思います。

## ● フリマアプリでお得に買えた分を記録する（定価－中古価格）

最近は欲しいものをまずフリマアプリで探して見つからなかったら通常ルートで買う、という人もかなりいるようです。ただ、それをされてしまうと、モノを作る側からすると正規のものが売れなくなるので、再度モノを作る原資のお金が入ってこなくなり困ります。音楽も、本も、同じように中古で売買されてしまうと、著作権者に印税が入らないので生活ができません。著作権者からすると大損害で困るのですが、本当にいいものだったら買った人はいつまでも手元に置いておくはずですから、それも実力の世界と割り切るより仕方がありません。

ただし全員が本当にそれだけをひたすらやってしまうと、最終的には、音楽も、本も、服も、新しいものを作るだけ損なので、そうした「新作」はなくなっていきます。フリマアプリでモノを安く買って得をした人は、一部のお金は正規の値段でこ

だわりのものに対する買い物に回してもらえたら著作権者の立場からしたら有難いです。

## ● フリマアプリで売れた分を記録する（雑収入）

　モノの強みは、量産ができるので、一旦売れると、爆発的に売れて利益が出ることです。その反対に弱点は、簡単に転売されてしまうことです。その弱点をフリマアプリで突かれた、ということです。誰しも自分が買って、もう不用になったものを「捨てるくらいなら、誰か欲しい人がもらってくれたほうがいい。タダでもいいのに、お金までもらえるなんてラッキー」と思うのは当たり前です。だから今は安易に転売できないものを作っている会社が利益を出しています。そのような視点で社会やモノを見てみると金銭感覚も向上します。

　私も本の印税は、給与ではなく賞与だと思って、「たくさんもらえたらラッキー」程度に考えています。その代わり、本を出版することで得られる認知や信頼で、セミナーでお話しさせていただいたり、アプリを作ったりして、「転売できないコンテンツ」を考えて生計を立てています。

　売るためにフリマアプリに掲載するものは、最悪お金を払ってでも処分しなければいけないものもありますから、10万円のコートでも、3000円で売れたら、「3000円得した」と思うようにしましょう。

## ● ご馳走してもらった分を記録する（特別利益－０）

　いつも他人にご馳走してあげている人は、いつ誰にご馳走をしたかは覚えていませんが、自分がご馳走してもらったことはよく覚えています。反対に、他人にいつもご馳走してもらっている人は、いつ誰にご馳走してもらったかはうろ覚えですが、

自分が人にご馳走したことは鮮明に覚えています。

これは単純に「ご馳走するほうと、ご馳走してもらうほう、どちらが実際に回数が多いか」ということだと思いますが、「ご馳走」というのは、プレゼントと違って形に残らないものですし、「今日はご馳走しますから」と、さらっと一瞬で事が済んでしまうので、そのまま流してしまいがちです。

しかしご馳走というレベルですから、ランチなら1000円前後かそれ以上、夜なら数千円以上になるでしょう。この金額は意外に大きいです。ご馳走してもらった金額はわからないことも多いと思うので、そのときは「自分だったら、いくらくらい払うかな」と考えて、その分を得したと思って記録して、そのお金を別によけておきましょう。

そうすれば、誰にご馳走してもらったかということを覚えておけますし、反対に、自分がご馳走するときに「急な出費になっちゃったな」と思わずに、ご馳走してもらった相当分のお金の中から、別の人にご馳走してあげればお財布的にも安心です。お金はそうやって循環させていくと、その人にふさわしい金額が徐々に貯まっていきます。

● **プレゼントしてもらった分を記録する**（特別利益−０）

形に残るモノをプレゼントされたときはそれを見る度に思い出しますが、花束などをいただいたときは、１週間くらいで枯れてしまうと、それ以降はなかなか思い出す機会もないと思います。豊かになるということは、単にお金が貯まるということだけではなく、部屋に花が飾ってある、というような「心の豊かさ」もあります。そのような豊かさを演出する「消えモノ」をいただいたときは、自分だったらいくら出してそれを買うだろうか、という金額を記録して、モノがなくなっても覚えてお

けるようにしておきましょう。

　その相当分のお金を取り置きしておき、別の人にプレゼントをすることがあったら、そこからプレゼント代を捻出すれば、「急な出費」と思わず、「お金の循環」と思って出費ができます。

## ●試供品、サンプル品、無料モニターで得した分を記録する（必要経費－０）

　新製品の試供品や美容院のカットモデルなど、「実際にお金を払ったらいくらになるかな」と金額換算して記録します。タダでもらったもの、体験したものは、自分でお金を払っていない分、一瞬「得した！」と思っても、すぐに忘れてしまいがちです。さっと記録して、試供品も無駄にしないで使いきりましょう。

## ●会社の経費で享受できた得した経験を記録する（会社の経費－０）

　会社員、特に営業の人達はそうだと思いますが、仕事のためにいいホテルの喫茶店などで打ち合わせをして経費を経費申請に出したり、あるいは相手先にご馳走になったり、打ち上げなどで高級な食事やワインなどを味わったりする機会もあることでしょう。内勤の同僚達や家族から「いいなあ」と言われることもあるでしょう。

「仕事なんだから全然楽しいものではない」と思うでしょうが、実際に、素敵な場所で美味しいものを食べた、飲んだ、という事実は事実です。職業柄、得したものも、自腹で払うとしたらと考えたら、かなりの得だという考え方も「あり」です。

　営業でない会社員の人達も、福利厚生の一環でスポーツジム

などが会社割引で利用できる、社食が割引や無料、ということもあると思います。会社のおかげ、仕事のおかげで享受できる体験をもし自腹でしたら……、とみなして記録していくと、給料以上に、いいメリットを会社から受けさせてもらっているな、と気づくこともできると思います。

● **共同購入してシェアした分を記録する**（一人で買った場合の金額−共同購入での自己負担金額）

あるオフィスで、通販の美味しいお菓子を何人かで共同購入している人達がいました。「賞味期限が長くないので量を考えると一人では食べきれない」「もしイメージしていた味と違っていたらもったいないので」「一度にたくさん買ったほうが単価や送料が安い」というような理由でしていたそうですが、そのような相手がいるからそれができるわけで、もしいなかったら一人で買わないといけないわけです。

だから「もし一人で買ったら……」という金額を「定価」と考えて、定価から共同購入して自分が支払った分を差し引いた金額を「得した金額」として、記録をするのも「あり」です。

食べ物以外にも、有料動画配信なども一人で加入するよりも、友達同士などで一緒に入ると一人当たりの単価が安いサービスもあります。

● **後輩との定例の飲み会がキャンセルになった**（予算−０）

コロナ流行前であれば、飲み会が頻繁にあったような人も、コロナ禍ではそのような機会もかなり減ったと思います。その分、お金は今までよりも手元にかなり残るはずですが、なんとなく過ごしていると、結局他のものに使ってしまい、「なぜかわからないけれど、結局手元に残るのはいつもの金額」という

こともあります。そこで、今まで使っていたお金を使わなくなったことを記録するのも「あり」です。

　たとえば、サブスクリプションのサービスを月額980円で利用していたとします。節約のために、一旦、解約して980円の節約を記録しますが、何カ月かに1回は、「あのコンテンツ、解約したサービスでしか見られないのか……」とまた会員になりたいと思うこともあるでしょう。だから見たい月だけ加入して、未加入の期間は、「本来は会員を毎月維持したいけれど、今月は節約している」とみなして、980円節約した、と記録してもいいと思います。

　節約も、やっていくうちに、どんどんネタが少なくなっていきます。

　会社における経費節減の仕事などでも、ひととおり経費の節約を見直したら、そう簡単に新たな節約を見つけることは難しいのです。そのような場合は、「業績が回復しても、引き続き節約できるものはしよう」ということに今度は焦点を当てます。「以前実行した節約を今もキープしている」ということを見える化するために、このような発想も「あり」なのです。

### ● 誕生日割引、学生割引、家族割引で得した分を記録する
（定価－割引後金額）

　自分自身の属性によって、割引になることもたくさんあります。誕生日割引、学生割引、家族割引、シニア割引など、家族と同居している人でしたら、何か購入、利用するものがあったら家族で誰か割引対象者がいないかを確認してから購入、利用するのもいいと思います。もし4人家族で、それぞれ誕生月が違ったら、急ぎでないものは、誰かの誕生月のときにまとめて買えばお得になることもあります。

## ● 施設での特定日割引や会員割引で得した分を記録する
（定価−割引後金額）

　サービスは変わらないのに、特定の日や曜日、時間的な条件で割引があれば、純粋にそれはお得です。一つひとつ調べることが面倒であれば、施設やお店の人に割引サービスについて聞いてみるのもいいと思います。早朝割引、深夜割引などの他、オフィス街の施設であれば休日割引がある場合もあるので、活用してみるのもいいと思います。

## ● ポイントなどで得した分を記録する（ポイント対価−０）

　ポイントが貯まって、ポイントに応じた商品の交換や現金還元など、得した分を記録します。

　ただし、ポイントの有効期限が迫っているからといって、無効にしないために、無理やり不要な買い物をしてポイントを貯めるというような行為は本末転倒ですので慎みましょう。

## ● ブランド品をレンタルで代用した（中古相場価格−レンタル代）

　パーティーや結婚式などに合うポーチなど、ブランド品の商品をレンタルする業者も増えています。本当に自分が欲しいブランド品と、ＴＰＯに合わせて必要なものとが一致しないこともよくあると思います。今まではわざわざＴＰＯに合わせて一式買い揃えておかないといけなかった小物などは、レンタル業者を活用して、その分節約したお金を貯めて本当に自分が欲しいブランド品を買う、というのも、よい節約の仕方だと思います。

5章　節約で貯める

## コラム

### 「生活レベルを下げない節約」が最高の節約

　節約が続かないのは「生活レベルまでも下げようとする」からです。人間、一度いい思いをしたら、それ以下には簡単には戻れません。だから段階的に、

1．極端な贅沢や無駄遣いを控える。
2．今使っているものと同じ品質、レベルで代替できそうなリーズナブルなものを探す。

　というプロセスで整理をしていくといいと思います。

　私も大人になって、高級なステーキやスイーツを食べて「こんなに美味しいものがあったなんて……」と感動したことはたくさんありましたが、それを毎日、毎食食べたいかというと、そうではありません。急にチェーン店の丼ものやスーパーで売っている懐かしいアイスを食べたくなることもあります。極端に高いものを当たり前、過剰に買っていることがないかをまず整理することは、それほど苦痛ではないはずです。

　それを行った上で、今度は「そこそこ品質がよくてお値打ちのもの」を探して、既存のものと「差替え」するということです。会社の経費節減でも、「過剰、不要なものをなくす」場合と、通信費や椅子などの備品のように、なくしたり、数を減らしたりはできないけれど、「同じ品質に近くてリーズナブルな代替品」を探す場合があります。

　節約をするときに、品質や量など、満足度も同時に下げてしまう節約をすると苦痛を伴うので、生活レベルを下げずに節約する方法を考え、実践すると、楽しく、長く節約を続けられると思います。

# みんなで貯める

家族やパートナーと貯める
お金のルール

# 社内ルールのように、家庭内ルールでお金は貯まる

　家族、パートナーとなど、複数の人数で目標を持ってお金を貯める場合には、会社の経理ルールを使うと効果があります。一人の場合はどのような支出をしたかは自分でわかります。しかし自分以外の人が何にいくらお金を使ったのかは、本人に聞かないと把握できないこともあります。さらには知らないうちに誰かにお金を貸したり借りたりしていることもあり得ます。

　たとえば、ある会社に100人の社員がいるとします。お金に関するルールが何もなければ、その中の数人が過度な備品購入や接待をしたり、会社のはんこを無断で持ち出してお金を借りたりしたら大変なことになります。

　そのようなことが起こらないように、会社では、限られた人しかはんこなどは管理できないようにし、高額なものは事前に購入申請をして許可を得た上で買います。高額な接待も事前申請をして許可を得たものだけに限ります。このようにしてお金が無駄に出ていかないように、不正に出ていかないように「未然に防ぐ」管理をしています。皆の努力が無駄にならないようにするためです。

　家計でも、同じように家庭内ルールを作ることで、家族全体のお金のマネジメントができるようになります。

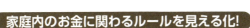

**家庭内のお金に関わるルールを見える化!**

|  | 会社のルール | 家庭のルール（現状例） | 家庭のルール（今後） |
|---|---|---|---|
| はんこ（実印、銀行印） | 金庫に保管し、社長や経理部長など特定の人しか捺印できない。捺印申請書を申請し、承認されたものにだけ捺印する | 何に押したかは特に記録していない | |
| 高額備品 | ○○円以上（基準金額は会社によってそれぞれ決める）の備品購入の際は「備品購入申請書」を事前申請して承認された場合のみ購入できる | 約１０万円以上かかりそうなものはお互いに言うようにしている | |
| 交際費（一人当たり5000円を超える飲食費用など） | 「交際費申請書」を事前申請して承認されたときだけ可能 | お互いに事後報告が多い | |

6章 みんなで貯める

ポイント

あなたの家庭は、
- 印鑑が必要なものは、お互いに確認、報告している？
- 高額な買い物は、お互いに事前に相談している？
- 高額な外食は、お互いに事前に相談している？

# 誰か一人でも散財すると、全体が貯まらない

　パートナーとの関係を解消したという人達の原因の一つに「お金の価値観の相違」が挙げられることがあります。なぜそのようなことになるのか。それは、「お金の価値観」と「人間性」には相関性がないからです。

　「性格のいい人は、お金の管理がしっかりできて、そうでない人はお金にルーズ」というバイアス（偏見）を持っていないでしょうか。だから「この人はいい人だから、きっと自分と協力し合って貯金をしてマイホームを持って……」と、何の疑いや確認もなく想像してしまうのだと思います。

　日本語の順番を反対にしてみたらどうでしょう。「お金の管理がしっかりできている人は、性格が〇〇」。〇〇には「やさしい」よりも「真面目」「几帳面」「厳しい」という言葉を思い浮かべる人のほうが多いかもしれません。強いて言えば、性格のやさしい人、面倒見がいい人のほうが、どんどん人にご馳走してしまうこともあるでしょうし、困っている人がいたら助けることもあるでしょう。やさしい人というのは自分のことよりも他人にお金を使ってしまう機会も多いのです。

　会社や家庭など、複数人の集団の場合、収入は、「誰か一人だけでも、ものすごく頑張ったら全体のトータルも伸びる」のですが、支出は、「誰か一人でも散財したら他の全員が節約していても、底が抜けたように出ていく」性質があります。だから支出のほうが、収入よりも「全員共通のルール」を作って管理する必要性があります。むしろルールさえ作ってお互いに守

## 6章 みんなで貯める

れていれば、まず予定外の散財というのはなくなり、お金は貯まります。

### 貯めるコツは使いすぎの人を0人にすること

**例1**

|  | 家族A | 家族B | 家族C | 家族D | 合計 |
|---|---|---|---|---|---|
| 1カ月の収入 | 100 | 20 | 0 | 0 | 120 |
| 1カ月の支出 | 30 | 20 | 20 | 20 | 90 |
| 差引 | 70 | 0 | −20 | −20 | 30 |

←1カ月で30貯まる

**例2**

|  | 家族A | 家族B | 家族C | 家族D | 合計 |
|---|---|---|---|---|---|
| 1カ月の収入 | 100 | 30 | 20 | 0 | 150 |
| 1カ月の支出 | 30 | 20 | 20 | 100 | 170 |
| 差引 | 70 | 10 | 0 | −100 | −20 |

←1カ月で20減る

誰か一人でも散財していると、家族の総収入がいくら増えてもお金は貯まらない。

**ポイント**

● 他の家族が全員倹約していても、一人の大胆な浪費、散財が家計を破綻させてしまう。

# 一緒になる前に必ず「金銭感覚の相性チェック」を

　私は日本語教師の資格を持っているのですが、その勉強の際に言語学についても学びました。日本とそれ以外の国でのコミュニケーション上の違いの一つは、日本の場合は、「あうん」の呼吸のように、「お互いの発話数が、より少ないほうがグッドコミュニケーション」という点です。

　諸外国では、国籍、宗教、習慣などが大きく異なる人同士が会社や地域で一緒になる機会が多いため、「私は〇〇教で、この食材は食べられませんから……」などと、初対面でお互いに細かく自己開示をしたほうが、相手が嫌がることをしなくて済むので、発話数が多いほどグッドコミュニケーションとみなされます。

　日本人同士は、お互いのバックグラウンドの共通点が多いので、初対面でお互いに自己開示をしなくてもそれなりにコミュニケーションがとれてしまう分、深く付き合ってから、お互いの「違和」を感じることが多い気がします。

　金銭感覚も同じです。金銭感覚というのは、価値観の一つです。

　「将来安心して暮らしたいから今は多少節約してでもお金を貯めたい」人もいれば「人間いつ死ぬのかわからないのだから、今日を全力で楽しむためにお金を使いたい」人もいます。そうなると、お金の使い方は全く変わってきます。これはどちらがいい、悪いという「優劣」ではなく、価値観の「違い」なのです。

もし将来一緒に暮らしたいと思うパートナーが見つかったら、下の表のように、事前にお金に対する考え方を知っておくといいと思います。

　既に一緒に暮らしている人、あるいは友達同士でも試してみてください。

　たとえば家族や友達同士などで旅行に行くとき、「食事は何でもいいけど、ホテルだけは豪華にしたい」「いやいや、ホテルよりも、食事やアクティビティにお金をかけたい」など、いろいろ意見が出ると思います。それは、お互いのわがままではなく、「その人のお金の使い方に対する価値観」が出ているだけです。

　たとえ家族や親友であってもお金の価値観は一人ひとり違います。親子であってもです。その「違い」を知っておくことで、家族間、友人間などのコミュニケーションも取りやすくなると思います。

## お金の価値観の相性チェック

| | A | B | あなた | 相手 |
|---|---|---|---|---|
| 住まい | 賃貸で十分 | 持ち家が欲しい | | |
| 旅行 | 近場でキャンプなど | 毎年、海外旅行に行きたい | | |
| 仕事 | できれば共働き | 共働きはあまり考えていない | | |
| 貯金 | 貯金より今の楽しみを優先 | 将来の生活のため | | |
| 高額な買い物 | 各自自由に買えばいい | 事前に相談してほしい | | |
| 子供がいたときの将来 | 健康であれば十分 | 教育費をかけてあげたい | | |
| 親からの援助 | 期待したい、期待できる | 期待しない、期待できない | | |
| … | … | … | AorB | AorB |

一致しない項目があっても、お互いが納得する「ルール」を作れば大丈夫！

# 大きな金額の支出は、「事前許可制」「稟議制」で決める

　会社を早期退職して、田舎暮らしを始めた人達を追った番組が好きでよく見るのですが、ある回で、ご主人が奥様に無断で退職金をつぎ込んで商売を始める契約をしてきてしまった、というのを見て「それ、家庭内横領では……」と思ったことがあります。なぜそのようなことをしたのだろうと想像するに、勤めていた会社の社長が同じように「会社のお金は俺のお金だ」と私物化して使っているのを見ていて、「俺の退職金は俺のお金だ」と考えてしまったのかもしれません。

　このようなケースで私が心配するのは、本来同意を得なければいけない人がいるのに、事前に相談や説得をせずに、独断で大金をつぎ込んでしまう人は、商売を始めてうまくいかなくなったときにも、周囲の進言を一切聞かないということです。そのため、どんどん泥沼にはまって破綻してしまうことがあります。「家計」と「会社」は縁遠いイメージがあるかもしれませんが、まさにこのケースは家計と会社（商売）が連動してしまった例です。だから家計にも「ルール」が必要なのです。

　一般の会社が新たな商売を始める際に何をするかというと、担当者が事前に「事業計画書」を作ります。この商売をすることで会社にどのようなメリットをもたらすのか、この投資をすることで、何カ月後、何年後にどれくらい利益が出るのかの資料を作成し、文字や数字で「見える化」します。そして、それを社内の役員会で発表します。自己資金だけでなく銀行などから借入をする場合は、銀行の融資担当者にも見せてプレゼンを

します。そして、役員会や銀行から不備などを指摘されたら再度修正して出し直し、ということを繰り返して皆の同意を得た上で、「お金を使っていいですよ」「お金を貸しましょう」となります。そこまでしておけば、「大失敗」する確率は確実に減ります。

これは家計でも同じことです。家計のお金を使って本当に買いたいもの、投資したいものがあれば、申請書などを作って、「この出費は家族にどのようなメリットがあるのか」などを「見える化」します。その上で同意を得てお金を使う、というフローにすると、家族全体の金銭感覚も一致してくると思います。

**申請書例**

| 高額出費申請書（○○円以上） | |
|---|---|
| 申請日 | 2021年○月○日 |
| 氏名 | ○○○○ |
| 使用目的 | 電気圧力鍋の購入（○○社製　型番△△） |
| 予算金額 | 30,000円 |
| 本人のメリット | 在宅時間が増えたので調理器具を充実させたい |
| 家族へのメリット | 毎日皆で美味しい料理が食べられる |
| 参考資料の有無 | メーカーのパンフレット有 |
| 稟議者 家族B 家族C 家族D | OK　豚の角煮を作って！<br>OK　もしすぐ使い飽きたらフリマアプリで売ります！<br>OK　週に1回は使ってね！ |

会社がそのようなルール付けを徹底しているのも、金銭感覚というのは、一人ひとり違うため、それらを極力お互いに近づけるためであり、たとえ極端な金銭感覚の人が会社に入ってきても、その人が暴走することを防ぐためです。

前述のご主人も、その商売を始めることで奥様にどのようなメリットがあるのかをプレゼンすれば、奥様も納得し、嬉しかったはずです。

# 誰かがお金を握りすぎていると、他の人が成長しない

　会社の社長には、社員に会社の売上や利益などを一切知らせずに「社員は与えられた仕事を一生懸命やってくれればいい」という人もいます。一方で、会社の数字をオープンにして、社員と共有する社長もいます。どちらがいい、悪いというわけではありませんが、リスクに関しては前者のほうがあります。もしその社長が突然亡くなってしまった場合、そのような会社は誰もお金の管理がわからないので悪い人達に根こそぎお金を取られ、空中分解してしまうこともあるからです。

　また、その社長が資金運用に失敗したり、赤字で多額の借入をしていたりしても、社員は誰も気づけません。

　家計も同じで、「自分だけがお金のことは把握していればいい」「誰か一人にお金のことは任せておけばいい」というスタンスは確かに「ラク」なのですが、その人が貯金を増やすためによかれと思ってリスクのある投資に無断で投じて損失を出してしまったときに、カバーできる人や気づいてあげられる人が誰もいないと、お金は一気になくなってしまいます。

　日頃から家計の数字を皆で共有するほうが、全員の計数感覚が育ち、どのようなお金の貯め方、使い方をすればよいかというマネーリテラシーが育つと思います。

**計数感覚チャート図**

| ①したいこと、欲しいものが思い浮かぶ、見つかる |
| --- |

| ②値段を見る前に、いくらくらいかを直感で予想する |
| --- |

| ③実際の値段や費用を確認する |
| --- |

| ④出費していい金額かどうかを自問し、意思決定する |
| --- |

| ⑤-1 出費する | ⑤-2 出費しない |
| --- | --- |

- 借金を重ねる人は、①から⑤へ直行する習慣が根付いている。そのため、②③④のステップを間に挟み、繰り返し習慣づけることで衝動的なお金の使い方が改善されていく。
- ②と③の乖離が常に少ない人ほど計数感覚は高い。はじめは乖離が大きい人も、①②③の習慣を繰り返すことで②と③の乖離は徐々に縮まり、計数感覚が養われていく。
- 計数感覚が乏しいときは、④の段階で出費すべきではないと頭ではわかっていても、衝動を抑えられずに出費をしてしまう（⑤-1）。①②③の繰り返しで計数感覚が養われていくにつれて、自分の衝動を徐々にコントロールできるようになり、出費すべきでないとき（手持ちの貯金残高が少ない、似たようなものを既に持っている、今すぐ必要ではないなど）は出費しない決断（⑤-2）ができる回数が増えていく。

**ポイント**

● 家族全員がマネーリテラシーを持とう。

## おわりに

　1「楽（らく）してお金を貯めたい人」
　2「楽（たの）しくお金を貯めたい人」

あなたはどちらのほうが、お金が貯まると思いますか。
　答えは2です。なぜなら、1の人は、1のチャンスしかありませんが、2の人は、1と2両方のチャンスがあるからです。

　お金には2つの貯め方があります。

　一つは、「コツさえつかめばラクにお金が貯まる方法」、もう一つは、「頑張って努力した分が、そのまま成果として貯まる方法」です。「頑張って努力した分」というのを、苦痛ではなく、充実した楽しい頑張りや努力にすれば、楽しくお金が貯められるはずです。

　本書では、お金の概念や法則をおさらいし、お金の貯まる4原則を一つずつお伝えしました。どれから始めるかはあなたの自由です。あなたができそうなものから少しずつ試してみてください。この本代分はすぐに回収できると思います。

「自分らしい生き方、自分らしい貯め方」はどのような生き方、貯め方だろうかと、思いを馳せながら日々、楽しいお金の貯め方を実践してみてください。

※本書で紹介する制度や補助金などは、2021年8月現在のものです。

〈著者略歴〉

**前田康二郎**（まえだ こうじろう）

流創株式会社 代表取締役

大手音楽制作会社、PR・エージェント会社等で経理・総務・IPO（株式上場）業務などを行い、海外での駐在業務を経て独立。現在は業績改善、業務改善、組織改善のための社員研修、コンサルティング、講演、執筆活動などを行っている。

また、会社の業績改善の手法を応用した家計のための節約アプリ「節約ウオッチ」（iOS版）を開発。現在4カ国語、6カ国で展開している。

著書に『スーパー経理部長が実践する50の習慣』（日本経済新聞出版）、『フランス式 毎日がおもしろくなる 自分らしくはたらく手帳（共著）』『図で考えると会社は良くなる』（以上、クロスメディア・パブリッシング）など多数。

装丁　一瀬錠二（Art of NOISE）
本文図版　ティー・ハウス

「稼ぐ、儲かる、貯まる」超基本
プロ経理が教えるお金の勉強法

2021年11月2日　第1版第1刷発行

著　者　　前　田　康　二　郎
発行者　　永　田　貴　之
発行所　　株式会社PHP研究所

東京本部　〒135-8137　江東区豊洲5-6-52
　　　　　　　　第一制作部　☎03-3520-9615（編集）
　　　　　　　　普及部　☎03-3520-9630（販売）
京都本部　〒601-8411　京都市南区西九条北ノ内町11

PHP INTERFACE　https://www.php.co.jp/

制作協力　　株式会社PHPエディターズ・グループ
組　版

印刷所　　株　式　会　社　精　興　社
製本所　　株　式　会　社　大　進　堂

© Kojiro Maeda 2021 Printed in Japan　　　　　ISBN978-4-569-85060-3
※本書の無断複製（コピー・スキャン・デジタル化等）は著作権法で認められた場合を除き、禁じられています。また、本書を代行業者等に依頼してスキャンやデジタル化することは、いかなる場合でも認められておりません。
※落丁・乱丁本の場合は弊社制作管理部（☎03-3520-9626）へご連絡下さい。
送料弊社負担にてお取り替えいたします。